Fernando Lalana Lac

TRAMONTANA

Racismo en España

Temas hispánicos

Schmetterling Verlag

Die Deutsche Bibliothek – CIP-Einheitsaufnahme

Tramontana / Fernando Lalana Lac. Stuttgart: Schmetterling-Verl.
(Temas hispánicos)
NE: Lalana Lac, Fernando
Racismo en España.
[Hauptbd.]. – 1. Aufl. – 1993

Racismo en España / Fernando Lalana Lac. – Stuttgart:
Schmetterling-Verl.
(Tramontana)
(Temas hispánicos)
NE: Lalana Lac, Fernando
[Haubtbd.]. – 1. Aufl. – 1993
ISBN 3-926369-82-5

Schmetterling Verlag
GbR Jörg Hunger & Paul Sandner
Rotebühlstr. 90
7000 Stuttgart1

Printed in Germany
1. Auflage 1993 96 95 94 93 / 5 4 3 2 1
ISBN 3-926369-82-5

Satz und Reproduktionen: Schmetterling Verlag
Druck: GuS-Druck, Stuttgart

Inhalt

VI Otros textos

Vorwort

Eine Welle von Fremdenhaß breitet sich in unserem «Vereinten Europa» aus. Die abscheulichen Anschläge auf Unterkünfte von Asylbewerbern und von ausländischen Bürgern, die schon Jahrzehnte unter den Deutschen leben; der nicht zu überhörende Faschismus in den Wahlkampfslogans von Le Pen in Frankreich, die Attacken gegen die Schwarzen in England, die unbekannte, aber permanente Diskriminierung der Zigeuner in Spanien sind beängstigende Symptome der Kleinmütigkeit einer europäischen Gesellschaft, die nicht in der Lage ist, die irrationale Angst, die das Fremde zu erzeugen vermag, zu überwinden.

Am Beispiel Spaniens wird in der vorliegenden Textsammlung versucht, nach Ursachen, Folgen, aber vor allem nach Möglichkeiten der Bekämpfung und Überwindung des «Neorassismus» zu fragen. «Gitanos» – schon immer –, Marokkaner und andere legale und «illegale» Gastarbeiter – seitdem sie eine Konkurrenz auf dem Arbeitsmarkt werden können – werden in Spanien zu Sündenböcken für alle Übel, von Hühnerdiebstahl bis zum Drogenhandel, gestempelt.

Anhand von publizistischen Texten und authentischen Äußerungen von Spaniern sowie von in Spanien lebenden Ausländern wird versucht, nicht nur die diskriminierende Haltung der «verängstigten Iberer» zu kritisieren, sondern auch mögliche Wege der Toleranz, des Verständnisses und der Solidarität zu beschreiten.

Das «Dossier» richtet sich an Lernende, die bereits über Grundkenntnisse der spanischen Sprache (etwa drei bis vier Halbjahre Spanischunterricht) verfügen.

Die meist kontextualisierten Übungen zur Lexis und Grammatik dienen der Festigung und Wiederholung sprachlicher Kenntnisse. Sie übernehmen aber auch die Aufgabe der lexikalischen und grammatischen Vorbereitung auf die inhaltliche Erschließung («Preguntas» bzw. «Cuestiones sobre el texto») und vor allem auf die Interpretation («Análisis y comentario») des jeweiligen Textes.

In der Phase der Textbewertung («comentario dirigido») ist nicht nur eine angemessene und sachliche Textanalyse intendiert; der «comentario dirigido» strebt auch an, den Lernenden zur engagierten sprachlichen Äußerung und persönlichen Stellungnahme zu veranlassen.

Zu dieser Textsammlung ist ein Lehrerheft vorgesehen, das ausformulierte Lösungsvorschläge zu allen Aufgaben enthält.

Ich danke Herrn Jörg Hunger und Herrn Paul Sandner, den Inhabern des Schmetterling Verlages in Stuttgart, für das in mich gesetzte Vertrauen sowie meiner ehemaligen Schülerin Sandra Knollmann für das Durchsehen der deutschen Entsprechungen dieses Buches und der Übersetzungsübungen des Leherheftes.

Möge diese Arbeit einen bescheidenen Beitrag zur Verwirklichung einer Welt leisten, in der die *Würde aller Menschen* anerkannt, respektiert und verteidigt wird.

Rheine, Dezember 1992

Fernando Lalana Lac

Lehrer für Religion, Französisch und Spanisch
am Kardinal-von-Galen-Gymnasium in Mettingen

I

RACISMO EN LA «EUROPA UNIDA»

EL RACISMO EUROPEO

Una ola de xenofobia y racismo se está extendiendo prácticamente por todos los países europeos. No es algo que se refleje exclusivamente en titulares de primera página. Se traduce en actos sórdidos y cotidianos: agresiones, discriminaciones, conductas humillantes, represiones policíacas abusivas; todo ello asumido y aceptado por amplios sectores de la población europea. De esta forma, se desarrolla y extiende en Europa una situación cargada de peligros, sin que los Gobiernos ni los órganos dirigentes de la CE den muestras de que son conscientes de su seriedad. El racismo – la forma más perversa de negar los derechos del hombre y de pisotear principios morales constitutivos de la esencia de Europa – aumenta en nuestro continente. ¿Estamos ante un movimiento imparable? (...)

La población inmigrada proveniente del Tercer Mundo representa unos 6,5 millones de personas; en la actualidad, su ingreso está casi paralizado. Si hasta 1973 fueron recibidos como mano de obra barata y necesaria, la posterior evolución económica llevó hacia políticas de cierre de las fronteras. El problema de los inmigrados Europeo tiene dos vertientes: la integración de los que residen ya en Europa y los casos de inmigración clandestina. En ambos aspectos – como dice un informe del Parlamento comunitario –, «el estatuto inferior de los inmigrados es mantenido y reforzado por un racismo institucionalizado, permitido por legislaciones nacionales muy discriminatorias». En cuanto a los clandestinos, es obvio que una regulación es imprescindible. Pero debe ser inteligente y humana: su meta no puede ser hacer de Europa una fortaleza cerrada a toda persona llegada del Tercer Mundo.

Más grave aún es el racismo encubierto que caracteriza la política de muchos Gobiernos en el tema tan decisivo de la integración. La mayoría de los inmigrados lleva 13 y más años de residencia en Europa; frenar su plena integración sería suicida. La experiencia demuestra que en la segunda generación se identifican plenamente con el país en el que residen. Ello requiere que, en lugar de prolongar las discriminaciones, se apliquen políticas abiertas que deben aunar el respeto a sus propios hábitos con el fomento de condiciones sociales y educativas aptas para acelerar el proceso integrador. Pero son las actitudes represivas las predominantes. (...)

¿Responde este racismo a una simple reacción espontánea ante la presencia de los inmigrados? Sin negar el peso de ciertos factores objetivos, sería ingenuo creerlo. La contradicción es flagrante entre teoría y práctica: en teoría, nadie es racista en el espectro político europeo, pero de hecho se observa un vacío cuando se trata de responder a las campañas cada vez más agresivas de la extrema derecha. La visión alicorta de la ignorancia se engrandece ante el silencio mayoritario.

La manifestación grandiosa con la que Francia entera condenó la profanación antisemita del cementerio de Carpentras no puede hacer olvidar que odiosos atentados racistas, incluso asesinatos de ciudadanos árabes, son cometidos sin dar lugar a ninguna reacción. Esa indiferencia de amplios sectores demuestra hasta qué punto han calado los argumentos perversos de la extrema derecha.

Editorial, EL PAIS, 24-7-90

Anotaciones

(1) ola (f.): [Welle] — (2) reflejarse: manifestarse — titulares (m.p.): títulos de los artículos de periódicos — (3) traducirse en: tener como resultado — sórdido/o: horrible, escandaloso/a — (4) humillante: denigrante [erniedrigend] — policíaco/a: de la policía — abusivo/a; aquí: que abusa de [mißbraucht] su autoridad — asumido/a: tolerado/a, consentido/a — (6) cargado/a de: lleno/a de — (7) ser consciente de: darse verdadera cuenta de — seriedad (f.); aquí: gran importancia [Ernsthaftigkeit] — (8) pisotear: no respetar [mit Füßen treten] — (10) imparable: que no se puede detener [unaufhaltbar] — (11) proveniente: que ha venido — (12) ingreso (m.); aquí: entrada — (13) mano de obra (f.): obreros, trabajadores — (15) vertiente (f.); aquí: aspecto — (17) estatuto (m.) inferior: situación de inferioridad — (18) mantener: conservar [aufrechterhalten] — (19) es obvio: es evidente — (20) meta (f.): fin, objetivo — (21) fortaleza (f.): fortificación [Festung] — (22) encubierto/a: oculto/a, que no se ve [verdeckt] — (24) frenar: retardar, impedir [bremsen] — (26) requerir: hacer necesario, exigir — prolongar; aquí: continuar [verlängern] — (27) aunar: unir — (28) fomento (m.): estímulo [Förderung] — apto/a: idóneo/a, capaz [geeignet] — acelerar: activar [beschleunigen] — (29) predominante: que es el/la más frecuente — (31) peso (m.): importancia — ingenuo/a: [naiv] — (32) flagrante: muy claro/a — (33) espectro (m.): [Spektrum] — (35) alicorto/a: que tiene las alas cortas [engstirnig] — engrandecerse: hacerse mayor, aumentar — (37) odioso/a: horrible [haßerfüllt] — (40) calar: tener mucha aceptación

Cuestionario de estudio

Elaboración y comprensión

A) Cuestiones sobre el texto

1. ¿Bajo qué formas se manifiesta el racismo que existe actualmente en Europa?
2. ¿Cuál es la reacción de la mayor parte de los Gobiernos de la Comunidad Europea frente a este fenómeno?
3. ¿Qué es para el Autor el «racismo»?
4. ¿Por qué cierra Europa sus fronteras a los emigrantes del Tercer Mundo?
5. Describa brevemente los dos grupos de emigrantes de los que habla el texto.
6. ¿A qué se llama racismo institucionalizado?
7. Explique la contradicción a la que hace mención el autor en el penúltimo párrafo del texto.
8. ¿De qué acusa el autor a la población francesa?

B) Léxico y gramática

I Escriba y traduzca los substantivos que corresponden a los siguientes verbos.

extender	aplicar	creer	demostrar
requerir	acusar	provocar	respetar
existir	exigir	justificar	negar
plantear	pisotear	provenir	frenar
asumir	acelerar	olvidar	retardar
prolongar	modificar	resultar	activar
actuar	defender	mantener	odiar
cargar	aumentar	residir	entrar
salir	titular	reforzar	resultar

II Complete las frases empleando las palabras que siguen.
privado — un marajá — mano de obra — alarmar — aumento — mayoría — integran — han nacido — ahora — otros tiempos — extremismo — racista — movimiento — cuyo — el miedo — piel — países — humanos — afirmar — forman parte — está estudiando — Lo que — olor a — miedo — nos quite — derechos — cierran — ha pretendido — agrupaciones — hijo

1. El ... de las actitudes racistas de muchos europeos debería ... a una Europa que siempre ... ser defensora de los ... de todos los seres ... .
2. Se puede ... que la ... de los hijos de los inmigrantes que ... en el país en el que viven se ... plenamente en la sociedad de la que ... .
3. Los europeos ... sus fronteras porque ... ya no necesitan la ... barata que en ... les venía de los ... subdesarrollados.
4. Algunos piensan que el nuevo ... radical de algunas ... nacionalistas no es un movimiento ..., sino más bien un ... de defensa ... motor principal es ... .
5. El racismo no es una cuestión de ... sino de pobreza. Nadie mira con malos ojos al ... de un ministro de Educación de Guinea Ecuatorial que ... en un colegio ... de Madrid, a nadie le importaría ver casada a su hija con ... de la India. ... molesta es el ... pobreza, el ... a que alguien ... el pan, a ver reflejado en el vecino las miserias propias.

III Pronombres personales (repaso)
Substituya las palabras subrayadas por un pronombre.
1. Luis compra un regalo para Anita. 2. Estaban esperando a Juanito. 3. El profesor les explica el texto. 4. Haga el favor de decirme su número de teléfono. 5. ¿Ya has hablado con Susana? 6. No me pongo esta chaqueta porque no me gusta. 7. ¿Quieres darme las entradas? 8. Dime la verdad. 9. Cierren las ventanas. 10. El camarero nos ha traído el café. 11. Joaquín no ha querido darme las llaves. 12. Abre la puerta a José Antonio. Luisa quería salir con Antonio y María José. 13. Estoy intentando llamar a Bernardo por teléfono. 14. Martina está preparando la lección de español.

Creatividad

Nombre y comente tres motivos por los que algunos europeos no aceptan la presencia de ciertos extranjeros en sus países.

VIOLENCIA

Es como para no creerlo. Hasta ahora ante noticias terribles de violencia siempre nos quedaba el consuelo, triste consuelo, de que sucedían en alguna aldea de algún país más que lejano, pero ahora pasan aquí mismo, a la vuelta de la esquina, en un sitio que conocemos, en nuestra ciudad, incluso en nuestro barrio.

Tratamos de buscar justificación a tamaño disparate diciéndonos que la droga ha podrido mucho de lo bueno que había en la sociedad española, o diciéndonos que el paro lleva a los maduros a la desesperación y a los jóvenes a echarse a la calle en busca de emociones. Y diciéndonos que tampoco es para tanto, que estamos en época de vacas flacas pero que cuando lleguen las gordas, los únicos actos de violencia que se van a producir serán esos crímenes pasionales que suceden de cuando en cuando y que hasta nos gustan, porque indican que todavía la gente se mueve por los celos y por el corazón, y por los celos y el corazón es capaz de los mayores disparates.

Pero de momento, lo que se ve en España no es como para llenarnos de orgullo, porque los hechos demuestran que la violencia va ganando adeptos, y el análisis de la realidad es de los que ensombrecen el ánimo. Hace días, un grupo de legionarios entraban por asalto en un barrio musulmán de Ceuta, dispuestos a liarse a mamporros con los «moros», a los que consideraban intrusos y de raza extraña. Casi al mismo tiempo, en un pueblo de Huesca unos vecinos molían a palos a una docena de magrebíes. Su único pecado era el de dormir tranquilamente después de múltiples intentos de encontrar trabajo en un mundo, el español, que les es hostil, por mucho que presumamos de que no tenemos ni un pelo de racistas y que presumamos de no saber lo que significa la palabra xenofobia, que sólo sabemos aplicarla cuando nos referimos a los seguidores del francés Le Pen. (...)

Algo ha revuelto la sangre de los sufridos ciudadanos españoles. No sé si se trata de los nervios previos al fin de siglo, la angustia ante la Europa unificada y problemática, o la recesión económica, que es bastante más patente de lo que le gustaría al señor Solchaga. Sea lo que sea, lo inquietante es que, aparte de los hechos aislados que a todos sobrecogen pero que son siempre excepción, se ha llegado a una situación de crispación permanente en la que se advierten una intolerancia y una violencia que hasta ahora no formaban parte de nuestras vidas y que hoy, sin embargo, son ya cotidianas. Por ejemplo la actitud que se adopta cuando personas de raza gitana intentan sentar sus reales cerca de nuestra vivienda o nuestro lugar de trabajo.

Se nos llena la boca de agua pidiendo coherencia y sensatez ante los brotes de racismo, pero si a unos gitanos se les ocurre acercarse a nuestro hábitat, no paramos hasta echarlos a muchos kilómetros de distancia. O construimos un muro de cemento que nos separe de ellos, como si fueran apestados. No es una exageración: ocurre dentro de nuestras fronteras. A los inmigrantes árabes o negros directamente los tratamos como a delincuentes y procuramos por todos los medios, violentos o no violentos, arrojarlos a las tinieblas para perderlos de vista. Nos encogemos de hombros ante noticias vergonzosas que ocurren en nuestra costa cuando llegan barcas sobrecargadas de hombres, mujeres y niños marroquíes que huyen de la miseria de su país, y si por casualidad advertimos un árabe con pretensiones de vivir en nuestro mismo edificio, convocamos con urgencia la junta de vecinos para que impida semejante desatino.

Esta es la tierra de asilo y paz en que nos hemos convertido. Somos encantadores, sencillos, humildes, ingeniosos, llenos de sentido del humor, dispuestos siempre a abrir los brazos ante el desvalido. Pero que no nos toquen nuestra calle, nuestro parque, nuestro puesto de trabajo, que no ocupe nadie nuestra acera, ni se pretenda instalar mercancía ambulante en nuestra manzana. Porque si es así, saltamos como fieras.

Pilar Cernuda, Blanco y Negro, 12-7-1992

Anotaciones

(1) como para: para — (2) consuelo (m.): [Trost] — suceder: pasar, tener lugar — (3) a la vuelta de la esquina: muy cerca [gleich um die Ecke] — (5) tamaño/a: tan grande — pudrir: corromper, estropear — (7) paro (m.): desempleo [Arbeitslosigkeit] — maduro (m.): adulto, persona de cierta edad — (9) vacas flacas: [magere Kühe] — (11) celos (m.p.): [Eifersucht] — (13) orgullo (m.): [Stolz] — (14) adepto/a: partidario/a, simpatizante — (15) ensombrecer: entristecer, enturbiar — (16) por asalto: [im Sturm] — liarse a mamporros: [sich prügeln] — (17) intruso/a: [Eindringling] — (18) moler a palos: [verprügeln] — (19) pecado (m.): falta, delito — (20) hostil: enemigo/a — (21) presumir de: [angeben] — ni un pelo: absolutamente nada — (25) previo/a: que precede — angustia (f.): miedo terrible — (26) patente: claro/a, evidente — (27) Solchaga: ministro de economía en el Gobierno de Felipe González — aparte de: además de — (28) sobrecoger: sorprender, admirar — (29) crispación (f.): [Verkrampfung] — (31) cotidiano/a: de todos los días — (32) sentar sus reales: ponerse a vivir, domiciliarse — (33) llenarse la boca de agua: no cesamos de hablar — sensatez (f.): cordura [Besonnenheit] — brote (m.); aquí: comienzo — (34) hábitat (m.); aquí: zona donde viven los payos (no gitanos) — (36) apestado/a: [verpestet] — (39) arrojar a las tinieblas: [verjagen] — encogerse de hombros: [die Achsel zucken] — (42) con pretensiones: que tiene intención — (43) convocar: [einberufen] — junta (f.) de vecinos; aquí: [Nachbarschaftsverein] — (44) desatino (m.): barbaridad, desacierto — (45) encantador/a: [entzückend] — (47) desvalido (m.): necesitado — (49) mercancía (f.) ambulante: productos que algunos inmigrantes ofrecen a la venta en la calles — manzana (f.); aquí: [Häuserblock]

Cuestionario de estudio

Elaboración y comprensión

A) Preguntas sobre el texto

1. ¿Por qué no preocupaban mucho en el pasado los actos de violencia?
2. ¿Cómo se intenta en la actualidad justificar la violencia?

3. ¿Qué se constata actualmente en España con respecto a la violencia?
4. ¿Qué han hecho unos legionarios en la ciudad de Ceuta?
5. ¿Qué les ha pasado a algunos magrebíes en un pueblo de la provincia de Huesca?
6. El autor habla de una violencia cotidiana. ¿Qué entiende él por este tipo de violencia?
7. ¿Qué casos de este tipo de violencia se mencionan en el texto?

B) Léxico y gramática

I Formule de otra forma las expresiones siguientes.
1. Los actos de violencia pasan a la vuelta de la esquina.
2. El paro lleva a los maduros a la desesperación.
3. Los legionarios se liaron a mamporros con unos moros.
4. Los españoles piensan que no tienen un pelo de racistas.
5. Los gitanos habían sentado sus reales en una zona residencial.
6. Se apartan de ellos como de apestados.
7. La violencia se hace cotidiana.
8. Los vecinos se reunen cuando descubren a un árabe con pretensiones de vivir en su calle.

II ¿Qué preguntas pueden corresponder a las siguientes respuestas?
1. Trataban de buscar <u>una justificación</u>.
2. Los celos y el corazón son capaces <u>de los mayores disparates</u>.
3. No les preocupaba <u>lo que ocurría en la calle</u>.
4. <u>Los brotes de racismo</u> inquietan a algunos ciudadanos españoles.
5. Los actos violentos tienen lugar <u>dentro de nuestras fronteras</u>.
6. Algunos tratan <u>a los emigrantes</u> como a delincuentes.
7. La juventud <u>se echa a la calle</u> en busca de emociones.
8. Lo que se ve en la calle es <u>muy triste</u>.
9. Estamos <u>en una época difícil</u>.
10. Algunos piensan que <u>la droga</u> ha pervertido la sociedad española.

III Traducción

En un estudio sobre los inmigrantes en España se pone de manifiesto cómo nuestro país, tradicionalmente de emigración, viene siendo, sobre todo en la última década, un país de inmigración, con un porcentaje significativo (en torno al 2,5% de la población), aunque inferior al de Francia o al de Alemania, y en general al de otros países europeos. Dentro de este porcentaje se distinguen categorías: los inmigrantes asentados, los económicos y los exiliados políticos.

Los primeros proceden del primer mundo, y suelen gozar de permiso de trabajo y de residencia. Poseen un nivel de vida muchas veces superior a la media española. Son los técnicos del capital extranjero en nuestro país.

Los exiliados políticos tienen una cobertura de protección que les proporcionan – aunque no sin problemas – los niveles institucionales nacionales y los organismos internacionales. Cuentan también con la solidaridad de los partidos que les son afines. A pesar de ello viven periodos de dificultad que alternan con momentos de bonanza en función de los vientos más o menos democráticos que soplen a nivel nacional.

Los económicos provienen casi en su totalidad del Tercer Mundo, y, recientemente, del Este europeo. Los del Tercer Mundo son, según el citado estudio, uno de los colectivos marginados de mayor amplitud. Los inmigrantes económicos suponen una reserva de trabajo temporero (chicas de servicio, mineros, agricultores) para sectores laborales especialmente explotados y sentidos como peligrosos o despreciables, donde precisamente por estos motivos resulta difícil encontrar mano de obra local en el contexto del Estado de bienestar. La mayoría de estos trabajadores desearían retornar a su país, pero esto es imposible si pretenden sobrevivir tanto ellos como sus numerosas familias.

Rocío Cantarero, EL PAIS, 11-6-1991

Análisis y comentario

1. Resuma y estructure el contenido del texto.
2. ¿Qué actos de violencia «se consienten» en la «sociedad decente»?
3. ¿De qué acusa concretamente Pilar Cernuda a la sociedad Española? ¿Cómo justifica su acusación?
4. Enumere y comente los principales elementos satíricos que aparecen en el texto.

PUBLICIDAD DEL RACISMO Y DE LA XENOFOBIA

Los abajo firmantes queremos manifestar nuestra disconformidad y nuestra crítica hacia la línea editorial que está tomando su diario en relación al tema de los inmigrantes, políticos y/o económicos.

Las informaciones que su diario está distribuyendo son prácticamente una «invitación» a que centros como el nuestro se conviertan en «objetivo» de neonazis y fascistas, al igual que ha ocurrido en Alemania, recientemente, con la celebración del año de la Unificación.

No sólo consideramos que en el Estado español no se da una situación similar sino que, además, existen muchas asociaciones, personas y actuaciones que, desde la callada actividad diaria, realizan una solidaridad efectiva y real con los inmigrantes. Esto también debería ser noticia.

Consideramos que, lamentablemente, desde su diario y otros medios de información, se está facilitando publicidad gratuita y se está fomentando con ello la actividad minoritaria violenta y salvaje de estos grupos, olvidando la mayoritaria actitud no racista y no xenófoba de los ciudadanos de este Estado.

Con ello se está generando en todos – ciudadanos del Estado español y extranjeros que aquí conviven – una tensión y nerviosismo donde no lo había. Esto, lejos de ayudar a nuestra sociedad para hacer de ella un marco de convivencia multicultural y multiracial, sólo beneficia a quienes en este ambiente pueden atreverse a hacer lo que de otro modo no harían.

Luis Miguel Redondo Famoso y otros, EL MUNDO, 17-7-1991

Anotaciones

(1) los firmantes: las personas que han firmado la carta — disconformidad (f.): desacuerdo — (4) distribuir: dar, publicar, trasmitir, propagar — (6) al igual que: como — recientemente: hace poco tiempo — (8) similar: semejante [ähnlich] — (9) callado/a: [still] — (12) lamentablemente: [bedauerlicherweise] — (13) facilitar: dar, poner a disposición — fomentar: potenciar [begünstigen] — (14) salvaje; aquí: bestial, inhumano/a — (16) generar: crear, hacer nacer — (17) tensión (f.): [Spannung] — (17) beneficiar: favorecer

Cuestionario de estudio

Elaboración y comprensión

A) Preguntas sobre el texto

1. ¿Con qué es con lo que no están de acuerdo la personas que han firmado la carta?
2. ¿En qué medida es el periódico responsable de los ataques racistas a centros de apoyo a emigrantes?
3. ¿A qué acontecimientos se refieren los firmantes de la carta al mencionar la celebración del año de la Unificación de Alemania?
4. ¿De qué debieran informar también los periódicos?
5. ¿Qué consecuencias tiene la información unilateral en la población española?
6. ¿Quiénes son los que se benefician del estado de tensión?

B) Léxico y gramática

I Forme los contrarios que corresponden a las siguientes expresiones.

1. Exteriorizar su disconformidad.
2. Estar en una situación similar.
3. Una actividad callada.
4. Fomentar la actividad terrorista.
5. Algunas informaciones de la prensa benefician a los racistas y xenófobos.
6. Ser culpable.
7. Olvidar la actitud no racista de muchos españoles.
8. Dar crédito a las informaciones de la prensa.

II Dictado preparado

«Noticias» sobre emigrantes

Con una regularidad bochornosa, los medios de comunicación están bombardeando a España con noticias que implican a inmigrantes (latinoamericanos, marroquíes, del Este...). No puedo por menos que preguntarme cuál es el fin de éstas. Se está machacando a la opinión pública con datos que muestran explícitamente a ciudadanos marroquíes intentando salvar las costas de Algeciras, a ciudadanos de América Latina retenidos en Barajas. Todos son delincuentes. Un delegado del Gobierno en Madrid, afirma en su diario del día 11 de septiembre pasado que «se va a mantener un control exhaustivo sobre los extranjeros (latinoamericanos) ante la certeza de que muchos vienen a delinquir». Ese muchos, según datos oficiales, es un 1,45%. ¿Qué capacidad de síntesis le queda a la mayoría de españoles que lean esa noticia? Aparte de obviar la presunción de inocencia, se está echando leña a un sentimiento xenófobo precisamente alimentado con este tipo de noticias.

El ser «el otro» no conlleva una condena implícita; conlleva una etiqueta de ser humano. Si el 1,45% de los latinoamericanos son expulsados de Barajas, ello no puede suponer que son muchos los latinos delincuentes. Sólo un 1,45%, y piense el señor delegado en el sentimiento del 98,55% restante que no delinque y que es objeto de actitudes y miradas recelosas por quienes dan crédito a sus afirmaciones. (...)

José Javier Marzán Peláez, EL PAIS, 22-9-1992

III Comparación

Ejercicios sobre la comparación (repaso)

Torla es un pueblo de la provincia de Huesca y tiene cinco hoteles.

	Habitaciones	*Precio*
Ordesa	89	4.500 Ptas
Vicente Ballarín	45	3.500 Ptas
Alto Aragón	96	5.000 Ptas
El Pino	45	3.500 Ptas
Rogelio Ponz	67	3.000 Ptas

Compare los hoteles de Torla empleando los adjetivos grande, barato y caro. Forme diez frases comparativas.

Ejemplo: El hotel Vicente Ballarín no es tan grande como el hotel Ordesa.

Traduzca las frases siguientes.

1. Aragón ist nicht so groß wie Andalucía. 2. Rafael ist älter als Luis, aber jünger als Nicolás. 3. Das «Alto Aragón» ist das teuerste Hotel des Dorfes. 4. Luis ist der Größte der Familie. 5. Das ist nicht die beste Lösung. 6. Luis Manuel ist intelligenter, als wir glaubten. 7. Bist du ebenso groß wie dein Bruder? Nein, ich bin kleiner. 8. Miguel ist mein bester Freund. 9. Er meint, daß Rotwein gesünder als Bier ist. 10. Er hat uns die interessantesten Photos von seiner Reise gezeigt. 11. Carmencita war das hübscheste Mädchen des ganzen Dorfes. 12. Mein Vater sah jünger aus, als er war. 13. Juan Carlos läuft schneller als Antonio. 14. Mariano ging später zu Bett als Marité.

Análisis y comentario

1. Resuma y estructure el contenido del texto.
2. El autor alude en el primer párrafo a dos tipos de emigrantes: emigrantes políticos y emigrantes económicos. Explique como se define a cada uno de estos dos grupos.
   ¿Está usted de acuerdo con esta diferenciación?
3. Exprese brevemente y con sus propias palabras las acusaciones que los firmantes hacen al periódico «El Mundo».
4. El autor hace una afirmación sobre Alemania con la que muchos alemanes y no alemanes no pueden estar de acuerdo. Formule directamente la afirmación.
   ¿Está usted de acuerdo con este aserto? Fundamente su respuesta.

Huevo de serpiente

La Europa multicolor que muchos sociólogos preven para las próximas décadas queda todavía lejos en el horizonte de la población española. Como el resto de los europeos, los españoles somos cada vez menos fértiles y más viejos, pero, a diferencia de otros países europeos, en el nuestro apenas se puede hablar de choque cultural originado por la inmigración. Son apenas unas decenas de millares los ciudadanos africanos y asiáticos que llegan a España en busca de un trabajo o de mejores condiciones de vida.

Nuestras ciudades no tienen ni barrios enteros de inmigración extranjera, ni los contrastes de religiones, de colores de piel y de culturas que pueden hallarse fácilmente en Berlín, en Londres o en Marsella. Y, sin embargo, a pesar de que no existen las condiciones para fenómenos como el lepenismo francés, el racismo asoma la oreja de forma inquietante. Quizá por ello resulten más graves estos episodios que, como un síntoma tenebroso – el huevo de la serpiente del fascismo y de la exclusión –, motean cada vez con mayor frecuencia la geografía española.

Los incidentes ocurridos en Santa Coloma de Farners no pueden ser más inquietantes. En una pequeña y civilizada ciudad catalana, donde los africanos se hallan controlados hasta la exasperación mediante un sospechoso carné municipal, algunos desaprensivos de inconfundibles sentimientos racistas pinchan las ruedas de 11 coches pertenecientes a la comunidad africana. El alcalde reacciona acusando directamente a los propios perjudicados, por hacerse ver y por hacerse las víctimas, e insinúa que ellos mismos pueden ser los autores de la gamberrada. De una reunión entre el gobernador civil de la provincia de Gerona (socialista) y el alcalde (convergente) surgen dos iniciativas: una obvia y redundante, como es intentar hallar a los responsables de los pinchazos, y otra realmente inexplicable, cual es realizar un nuevo censo de los africanos para expulsar a quienes se hallen en situación ilegal. Es decir, gobernador civil y alcalde dan la razón a los gamberros pincharruedas que con su acción perseguían precisamente limitar la presencia, indeseable para ellos, de ciudadanos de origen extranjero tan honorables y respetables, como mínimo, como los millares de españoles que han escrito la historia de nuestra emigración a Europa y América.

Por fortuna, España, a diferencia de otros países, no cuenta en su tradición ideológica con una extrema derecha racista. Según los ideólogos del fascismo español de los años treinta, esto ha sucedido gracias a los Reyes Católicos y a su gesto de intolerancia al expulsar a la comunidad judía en 1492. También ha sido así gracias al secular aislamiento español. Hay una notable homogeneidad cultural, no existe una presencia cuantitativamente importante de inmigrantes, y no hay tampoco una gran tradición de racismo y de exclusión, pero en cambio empiezan a aflorar problemas concretos y localizados de racismo visceral e inconsciente, principalmente en zonas rurales. En los próximos años desaparecerán las fronteras en Europa y se agudizará el desequilibrio demográfico entre una Europa envejecida y necesitada de mano de obra y un Tercer Mundo joven y prolífico. Entonces, el continente entero, y España con él, tenderá hacia los tintes del arco iris en religiones, culturas y colores de la tez.

Quienes intenten parar esta tendencia contribuirán a construir una sociedad escindida en guetos y minorías. Quienes intenten amortiguar el choque cultural e integrar democráticamente a los recién llegados contribuirán a construir la Europa del futuro.

Editorial, YA, 15-1-1989

Anotaciones

(1) década (f.): período de diez años — (3) fértil; aquí: que tiene muchos hijos — (5) originado/a: causado/a, producido/a — (11) lepenismo (m.): movimiento xenófobo iniciado y dirigido por Jean Le Pen — asomar la oreja: comenzar a mostrarse — (13) tenebroso/a: oscuro/a, siniestro/a — huevo (m.) de la serpiente: mal, plaga, infortunio [Übel] — exclusión (f.): marginación [Ausschluß] — (14) motear: salpicar, aparecer en [tüpfeln] — (15) ocurridos: que han tenido lugar — (17) exasperación (f.): [Erbitterung] — sospechoso/a: [bedenklich] — carné (m.): [Ausweis] — (18) desaprensivo/a: que no tiene conciencia — pinchar: [stechen] — (20) perjudicado (m.): dañado, víctima — (21) insinuar: dar a entender [andeuten] — gamberrada (f.): [Gaunerei] — (22) convergente: miembro del partido político «Convergencia y Unión» – (23) obvio/a: natural, lógico/a — (24) pinchazo (m.): substantivo de pinchar — cual es: como es — (25) censo (m.): recuento [Zählung] — expulsar: hacer salir del país — (26) pincharruedas (m.f.s.p.): persona que pincha las ruedas de los coches — (27) perseguir; aquí: querer, intentar — (28) honorable: [ehrenwert] — (35) secular: que dura siglos — aislamiento (m.): [Isolierung] — (37) aflorar: aparecer — (38) visceral: irracional — (39) agudizarse: agravarse, aumentar — (40) una Europa envejecida: una Europa en la que hay muchas personas viejas — (41) prolífico/a: fértil, que tiene muchos hijos — (42) tinte (m.): color — tez (f.); aquí: piel — (43) escindido/a: dividido/a, fraccionado/a — (44) amortiguar: disminuir [dämpfen]

Cuestionario de estudio

Elaboración y comprensión

A) Cuestiones sobre el texto

1. ¿Qué piensan que va a suceder en Europa algunos sociólogos?
2. ¿Por qué no constituye la inmigración en España un choque cultural?
3. ¿Qué dice el autor de algunas ciudades europeas?
4. ¿Dónde está Santa Coloma de Farners?
5. ¿Qué sucedió en esta localidad?
6. ¿Cómo reaccionó el alcalde de la ciudad?
7. Explique las dos proposiciones que hicieron el alcalde de Santa Coloma y el gobernador de Gerona.

8. ¿Qué piensa el autor de ambas iniciativas?
9. ¿Por qué no fueron perseguidos los judíos en los tiempos del fascismo español?
10. ¿En qué zonas se comienzan a constatar problemas de racismo?
11. ¿Qué futuro pronostica el autor a Europa?

B) Léxico y gramática

I Exprese de otra manera las frases siguientes.

1. El racismo asoma la oreja de forma inquietante.
2. La Europa multicolor queda todavía lejos en el horizonte de la población española.
3. El huevo de la serpiente del racismo y de la exclusión motea cada vez con mayor frecuencia la geografía española.
4. El gobernador civil da la razón a los gamberros pincharuedas.
5. Empiezan a aflorar problemas concretos de racismo visceral e inconsciente.
6. En los próximos años se agudizará el desequilibrio demográfico entre una Europa envejecida y necesitada de mano de obra y un Tercer Mundo joven y prolífico.
7. El continente europeo tenderá hacia los tintes del arco iris en religiones, culturas y colores de la tez.
8. España no cuenta con una extrema derecha racista gracias a los Reyes Católicos y a su gesto de intolerancia al expulsar a la comunidad judía en 1492.

II Repaso (Formas verbales)
Ponga las frases en presente.
1. Pablo se ha reído de ti. 2. La madre se ha ido un rato al jardín. 3. Le he traído un ramo de flores. 4. ¿De quién os habéis reído? 5. ¿Por qué no ha dado usted un paseo? 6. María se ha sentido muy cansada. 7. Te he dicho que Pablo no ha podido venir antes. 8. Manuel se ha sentado frente a Petra. 9. Roberto ha buscado su pasaporte, pero no lo ha encontrado. 10. Klaus no ha entendido lo que le he dicho. 11. El portero ha terminado su trabajo por la mañana y ha vuelto a casa a la una. 12. Luis se ha ido a acostar a las diez y media de la noche. 13. Su hermana ha vuelto muy tarde. 14. No he entendido a la señora. 15. Andrés no ha comprendido lo que le han dicho. 16. María no ha tenido ganas de discutir. 17. ¿No habéis ido al parque zoológico? 18. Nos ha pedido un vaso de agua fría. 19. Pablito no se ha tomado la leche. 20. ¿De qué os habéis reído? 21. ¿Por qué no ha ido usted a ver al médico? 22. ¿Por qué no se han quedado en este hotel? 23. El no la ha querido acompañar. 24. Marruecos ha rechazado la emigración ilegal.

Análisis y comentario

1. Resuma y estructure el contenido del texto.
2. ¿Qué dice el autor sobre el racismo en España?
3. ¿Escriba en unas 10 líneas lo que sucedió en Santa Coloma de Farners?
4. El autor afirma que la Europa del futuro tendrá necesidad de emigrantes. ¿Comparte usted su opinión? Justifique su respuesta.

Orden

La conversión de España en muro infranqueable para latinoamericanos y africanos que busquen en Europa un lugar donde ganarse el sustento es parte de un reparto de papeles dentro del nuevo orden internacional. No es que todo el nuevo orden internacional sea esto, pero sí es una parte significativa de su cualidad. Que un orden sea nuevo no quiere decir que sea mejor, y el que se está prefabricando mantiene en lo sustancial las constantes de las relaciones de dependencia imperialista internacional sucesivamente estipuladas, corregidas y aumentadas desde el último cuarto del siglo XIX. Ya verán ustedes cómo el nuevo orden internacional perpetuará o acentuará las desigualdades del anterior, con la única variante de que varios cientos de miles de iraquíes (shiíes, kurdos o suníes, da lo mismo) ya no vivirán para verlo.

La facilidad con que el imperio barre bajo sus alfombras (¿serán persas?) todos los «irangates» o «irakgates» que se tercien no es tan lacerante como la miserable y mediocre complicidad comparsa de Estados subalternos como el nuestro. Especialmente siniestra es la actuación de los aparatos informativos ideológicos del Norte, que han sustituido implacablemente cualquier tentación de mala conciencia por la instalación en la falsa conciencia. El Sur, que no se haga ilusiones. Será reactivado en la medida en que sea necesario como mercado y marginado si no puede comprar o llega tarde al reparto del trabajo internacional.

De momento se producen kafkianas aplicaciones de la ley de extranjería: no se da permiso de residencia si el que lo pide no tiene trabajo, y no se le da trabajo si no posee permiso de residencia. Los desesperados de la Tierra saltarán por encima de las alambradas, y ya hemos empezado a cazarlos. Lo hubiera dicho Goethe: es preferible la injusticia internacional al desorden internacional.

M. Vázquez Montalbán, EL PAIS, 20-5-1991

Anotaciones

(1) conversión (f.); aquí: transformación — infranqueable: que no se puede atravesar — (2) sustento (m.): vida, lo que se necesita para vivir — reparto (m.) de papeles: [Rollenverteilung] — (7) sucesivamente; aquí: sin cesar, sin interrupción [fortlaufend] — estipulado/a: acordado/a, pactado/a — (8) perpetuar: eternizar [verewigen] — (11) barrer: [fegen] — alfombra (f.): [Teppich] — (12) terciarse: interponerse, ponerse delante — lacerante: doloroso/a — (13) comparso/a: amistoso/a, compartido/a — subalterno/a: de segunda categoría — (14) siniestro/a: trágico/a, perverso/a — (15) implacablemente: inexorablemente [unerbittlich] — (16) instalación (f.) en la falsa conciencia; aquí: aceptación del principio moralmente falso: «la injusticia es preferible al desorden» — (22) alambrada (f.): [Drahtgitter] — cazar: perseguir [jagen]

Análisis y comentario

1. Resuma y estructure el contenido del texto.
2. Explique concretamente el papel que le va a tocar desempeñar a España en el «nuevo orden» del que habla el texto.
3. ¿De qué acusa el autor a los países del «primer mundo» y a España en particular?
4. ¿Qué piensa el autor de la aplicación de la ley de extranjería en España?
5. Enumere y comente los principales recursos estilísticos de los que se sirve Vázquez Montalbán.

Traducción

¿Un nuevo holocausto?

Estos días estamos asistiendo al triste espectáculo de violencia e intolerancia desatada en muchos lugares de Europa contra las minorías. Algunos europeos se están comportando como aquellos otros que dieron lugar a la propagación en nuestro continente de las ideas asesinas que más tarde ocasionaron el Holocausto. Da escalofrío al leer los textos de los discursos de algunos políticos durante los años treinta y compararlos con los que hoy se empiezan a oír en muchos foros institucionales europeos. Se empiezan a decir las mismas cosas que entonces. Se argumenta con la falacia demagógica que los extranjeros han venido a quitarles el puesto de trabajo a los nacionales. Se habla de la grandeza de la cultura nacional y se hacen cantos de un pasado caduco que nunca fue tan brillante ni tan desinteresado como pretenden hacernos creer. Y lo más terrible: hay quien sin ningún tipo de rubor defiende ya la pureza de una determinada sangre europea frente a la de las demás personas que no han tenido la «suerte» de contar con varias generaciones de antepasados con pedigrí de pureza racial.

Me aterra pensar que pueda ser verdad el dicho de que «la historia siempre se repite», porque si eso fuera cierto nos encontraríamos a las puertas de un nuevo holocausto, por más que algunos bien intencionados se nieguen a aceptar que aquellas barbaridades son repetibles. (...)

El vendaval racista que azota a Europa. cuyos coletazos estamos padeciendo también en España, debe ser atajado de raíz. Los demócratas no pueden hacer concesiones en este terreno. No se puede ser tan sólo «un poco racista». No se puede justificar, bajo ningún concepto, actitudes y manifestaciones que inciten al odio racial y a la violencia indiscriminada de las masas. De lo contrario seremos también nosotros, aunque sea por omisión, culpables de otra tragedia como aquella que ocasionó tantos muertos, tantas lágrimas y tantos huérfanos como cubrieron el suelo de Europa durante la Segunda Guerra Mundial.

Juan de Dios Ramírez Heredia, EL INDEPENDIENTE, 20-10-91

II

RAZA «CALE»: ETERNO CHIVO EXPIATORIO DE LA NACIÓN ESPAÑOLA

CINCO SIGLOS PERSEGUIDOS

Los conflictos entre payos y gitanos están creciendo de forma alarmante en los últimos años. Los medios de comunicación social nos hacen despertar periódicamente a un mundo de relaciones sociales, que creíamos, hipócritamente, ausente de nuestros suelos patrios: el racismo.

Muchos españoles piensan cándidamente que los racistas son los otros, quedando sorprendidos ante la sucia violencia étnica en la propia casa: parece como si Narciso se hubiera mirado al espejo y de pronto hubiera descubierto su trasero. Acontecimientos como el incendio de 30 viviendas gitanas en Martos, la protesta por su presencia en escuelas y barrios, la expulsión en varias localidades, han avivado, una vez más, el fuego de la discusión sobre el problema payo-gitano, un problema que tiene larga historia de cinco siglos, marcados por el etnocidio, la persecución y el desprecio.

En 1499 se promulgó en Medina del Campo, por los Reyes Católicos, la primera Pragmática antigitana que ordenaba que «tomen asiento en los lugares y sirvan a señores que les den lo que hubieren menester y no vaguen juntos por los reinos; o que salgan de España so pena de 100 azotes y destierro la primera vez; y que les corten las orejas y los tornen a desterrar la segunda vez, que fueren hallados. Luego vendría el intento de extirpar su cultura. La Real Cédula de 1619, de Felipe III ordena: «... y que no puedan usar traje y lengua de gitanos y gitanas». De la discriminación cultural se pasaría al genocidio y extirpación de personas. Felipe V ordenaba «cazar a los gitanos por el hierro y por el fuego». Carlos II decretó en 1695 la pena de muerte contra gitanos ambulantes y en tiempos de Felipe V (1745) era lícito «hacer sobre ellos armas y quitarles la vida». La ordenanzas de 1942 de la Guardia Civil contenían un artículo que mandaba la «vigilancia escrupulosa sobre los gitanos».

El Parlamento, elegido democráticamente por el pueblo español en 1975, anuló por voto unánime todas las ordenanzas antigitanas que contenía la legislación de la Dictadura. Hoy no existe en España ninguna legislación discriminatoria contra los gitanos. Pero, ¿cuáles son los hechos? ¿Existe realmente una igualdad de derechos y deberes en la vida de todos los días de la nueva democracia española?

Tomás Calvo Buezas, ¿España racista?, ANTHROPOS, Madrid 1990

(Texto ligeramente adaptado)

Anotaciones

(1) payo (m.): persona que no es de etnia gitana — (2) hacer despertar a: hacer consciente de — (3) ausente de: inexistente en — (4) suelos patrios: patria, nación — (5) cándidamente: [kritiklos] — (6) sucio/a: [niederträchtig] — Narciso: personaje de la mitología griega que estaba enamorado de sí mismo — (7) trasero (m.): [Hintern] — (8) Martos: localidad de la provincia de Jaén — (9) avivar: [anfachen] — (11) marcado/a: caracterizado/a — etnocidio (m.): eliminación, liquidación, asesinato de una etnia — desprecio (m.): [Verachtung] — (12) promulgar: [verkünden] — Medina del Campo: localidad de la provincia de Valladolid — (13) Pragmática antigitana: legislación contra los gitanos — tomar asiento; aquí: [seßhaft werden] — lugar (m.); aquí: ciudad, pueblo, localidad — (14) lo que hubieren menester: lo que necesiten para vivir — vagar: ir de un lado para otro [sich herumtreiben] — (15) so pena de: [bei Strafe von] — (16) tornar: volver — (17) extirpar: hacer desaparecer totalmente — Cédula (f.); aquí: decreto — (18) traje (m.): vestidos — (19) genocidio (m.): [Völkermord] — (20) por el hierro: con armas de acero — por el fuego: con armas de fuego — (21) ambulante: que no tiene domicilio fijo — lícito/a: permitido/a — hacer armas sobre ellos: matarlos con armas — (23) escrupuloso/a: [peinlich genau] — (25) ordenanza (f.); aquí: ley, decreto

Cuestionario de estudio

Elaboración y comprensión

A) Preguntas sobre el texto

1. ¿De qué se han hecho conscientes los españoles en los últimos años?
2. ¿Por qué se han dado cuenta de este hecho?
3. ¿Qué sucedió en Martos?
4. ¿Qué es lo que algunos españoles no toleran?
5. ¿Es la discriminación gitana un problema nuevo que debe afrontar la actual sociedad española?
6. ¿Quiénes fueron los Reyes Católicos?
7. ¿Qué decretaron estos monarcas con referencia a los gitanos?
8. ¿Con qué medios intentó Felipe II hacer desaparecer la cultura gitana?
9. ¿Cuándo se puso fin a la legislación antigitana?

B) Léxico y gramática

I Explique el significado de las siguientes expresiones y frases.
1. Cazar por el hierro y por el fuego.
2. Tomar asiento en una localidad.
3. Los gitanos vagaban juntos por los reinos.

4. En el siglo XVIII era lícito hacer armas sobre los gitanos.
5. Dar a alguien lo que ha menester.
6. Narciso ha descubierto su trasero.
7. Tornar a desterrar.
8. Los españoles quedaron sorprendidos ante la sucia violencia étnica en su propia casa.

II Discurso indirecto

1. «Las leyes se hacen por y para los payos. La constitución no nos ha reconocido como pueblo, con nuestro derecho a la diferencia y nuestra autonomía cultural y social».
2. «En nuestro país impera una doble moral: la verbal que afirma un carácter no racista, y la práctica, donde este racismo se manifiesta claramente».
3. «La droga es una excusa para atacar a los gitanos. Las manifestaciones son convocadas para denunciar la droga gitana pero ¿qué pasa con la droga paya que es mayoritaria?»
4. «¿Se ha pedido la expulsión de toda la policía de España por el hecho de que algunos policías en Algeciras y en Vigo se estén dedicando al narcotráfico? Corruptos los hay en todas las partes. No todos los gitanos venden drogas».
5. «Propugnamos que se reconozca la condición de «Pueblo» del pueblo gitano; que se corrijan, con políticas de acción social, las diferencias que separan las minorías gitanas de las poblaciones mayoritarias hasta que en el punto de partida sean iguales; que se respete nuestro derecho a la diferencia, a la integración y a la participación en la sociedad».

Hace unos meses el presidente de Presencia Gitana hizo unas declaraciones en las que ...

Análisis y comentario

1. Formule con sus propias palabras en unas cinco o seis líneas lo que el autor quiere hacer ver a sus lectores.
2. En las líneas cinco y seis leemos: «Parece como si Narciso se hubiera mirado al espejo y hubiera descubierto su trasero».
   Comente esta frase.
3. ¿Qué actos se nombran en el texto que muestran claramente la actual discriminación de los gitanos en España?
4. Comente la función del título del texto que analizamos.

GITANOS EN MADRID

- En mi pueblo hay muchos gitanos.

- Anda ésta, ¿y dónde no? En Madrid lo que tienen es que son buena gente; trabajan en arreglar sillas o somieres; y muchos se ganan la vida con el folklore, en todas esas salas de fiesta llenas de americanos. Algunos mendigan, pero a ésos los recoge la poli; y los hay que van al Rastro; a vender sortijas, relojes y plumas estilográficas, pero si son robadas también los pesca la poli.

- Total, que siempre va detrás de ellos la poli.

- Hombre, se dice «un gitano» y todos desconfían. Yo, si fuese dueño de la lechería y, un ejemplo, se me ofrece un gitano repartidor, pues voy y le digo que nones, que los gitanos a lo suyo, a robar gallinas, pero que a mí no me roban. Yo conocí el caso de una gitana que se echó polvos a la cara, se cortó el pelo y se puso a servir. Pero cuando los señores se enteraron de que era gitana, la echaron a la calle.

- ¿Por ladrona? – pregunta Carmela.

- Ca, si no les había hecho nada, y durante los meses que estuvo en la casa no hacían más que ponderarla. La echaron por gitana.

- Pues yo oí por el arradio de una gitana que se casó con un señorito, un payo, y a él lo desheredaron los padres, y a ella no le volvieron a dirigir la palabra los de su sangre.

- Porque ellos también tienen su orgullo – dice el lechero, apoyándose de codos en la tapa de la caja –, y no hay más que ver a una gitana de buena planta cómo anda, como una princesa, como si fueran ellas las reinas del mundo.

Ramón Nieto, La patria y el pan, Seix Barral. Ed. 1962

Anotaciones

(2) anda éste/a: ¿Qué me dices? — (3) en arreglar: reparando — somier (m.): [Sprungfedermatratze] — (4) mendigar: pedir limosna [betteln] — poli (f.): la policía — (5) el Rastro: gran mercado callejero de Madrid — sortija (f.): [Schmuck] — (6) pescar; aquí: detener — (8) desconfiar: [mißtrauisch werden] — (9) se me ofrece un gitano repartidor: un gitano me dice que quiere trabajar de repartidor (de leche) — nones: no — (11) echarse polvos a la cara: maquillarse [sein Make-up machen] — servir; aquí: trabajar de doméstica en una casa — (13) ladrona (f.): mujer que roba — (14) ca: no — (15) ponderar: alabar, hablar bien de — (16) arradio (m.): radio — payo (m.): persona que no es de raza gitana — (17) desheredar: [enterben] — (19) orgullo (m.): [Stolz] — (20) de buena planta: de buena figura.

Cuestionario de estudio

Elaboración y comprensión

Resumen

Escriba el texto en estilo indirecto. A las personas que dialogan las puede llamar Carmela y el lechero.

Dictado preparado

En Cataluña ha habido un goteo permanente de manifestaciones antigitanas en los últimos años. En 1981, la colonia gitana de Culubret, en Figueras (Gerona), donde vivían unos doscientos gitanos, fue arrasada por la policía municipal de aquella localidad gerundense. La excusa que puso el Ayuntamiento para dar la orden fue la búsqueda de droga y objetos robados. No encontraron nada.

Al año siguiente, en Miralcamp (Lérida), una pelea, el día de las fiestas, entre payos y gitanos desencadenó una reacción de todo el pueblo contra estos últimos, llegando incluso a recogerse firmas para que las autoridades gubernamentales los expulsaran de la localidad. 1989, en el barrio de Triana de la localidad barcelonesa de Ripollet se repitió la historia de Figueras: las palas arrasaron las chabolas gitanas y los municipales invitaron a sus habitantes a abandonar el término del pueblo.

A finales de 1986 estalló un verdadero conflicto en el barrio de San José Obrero de Reus (Tarragona), cuando los padres de un colegio público se oponían a que se escolarizara en el centro de este barrio a niños gitanos de gran parte de la ciudad. En este mismo barrio, lo mismo que en el de Camp Clar, en Tarragona, el enfrentamiento entre payos y gitanos fue constante. Los payos acusaban a los gitanos de ser los responsables de todo el tráfico de drogas en las dos ciudades. En ambos barrios tuvo que intervenir el Consejo de Ancianos de los gitanos para expulsar a las familias conflictivas «ya que el payo – explicaba entonces uno de los responsables del Consejo de Ancianos de Tarragona – siempre que un gitano hace algo, quiere que nos echen a todos».

En Barcelona, el barrio conflictivo por excelencia es el de la Mina. La delincuencia es aquí tanto paya como gitana, «sin embargo – explica el tío Manolo, patriarca gitano del barrio – la culpa normalmente es para los gitanos». En los barrios de La Mina o de Riu Sec, en Barcelona, así como en las ciudades del cinturón industrial, viven gitanos emigrados que se vieron abocados a la marginación desde el momento en que les fue imposible continuar con sus oficios tradicionales.

Antonio Pardo, Interviú, 31-5-1991

Análisis y comentario

1. En el texto se habla de dos gitanas. Las dos son tratadas injustamente una directa otra indirectamente. Explique por qué.
2. ¿A qué actividades se dedican, según el texto, los gitanos?
3. Anótese cinco vocablos o expresiones que aparecen en el texto y que pertenecen al lenguaje hablado (o popular) y transforme las frases en que aparecen de manera que puedan «escribirse» sin miedo a que el profesor las corrija.

LA LEY GITANA

En Valencia, los gitanos han reunido el Consejo de Ancianos, una institución que llevaba décadas sin funcionar y que ha sido convocada para tomar cartas en el asunto de la droga. El Consejo de Ancianos ha condenado el uso de droga y ha pedido a sus conciudadanos que lo combatan; para afirmar su autoridad moral ha apelado a la ley gitana.

A ver si resultará que los menospreciados, marginados, denostados gitanos tienen una ética superior a la nuestra. De momento, nos superan en una cosa: tienen una ley moral a la cual apelan y que todos cumplen, si lo exigen los ancianos. Entre los payos, ese recurso a la aquiescencia interior y a la autoridad moral de los ancianos pasó a la historia con el advenimiento de lo que Karl Popper denomina la «sociedad abierta».

La gran evolución de la era moderna ha sido el paso de la sociedad cerrada-tribal, tradicional, conservadora, a la sociedad abierta-individualista, progresiva, competitiva. Lo que se ha ganado en libertad, al pasar a la sociedad abierta se ha perdido en estabilidad. (...) El fascismo fue un retorno victorioso aunque efímero de la sociedad cerrada; ahora el desorden y la violencia interna, así como el escapismo hacia la droga, son resultado de la tensión civilizadora que supone la sociedad abierta.

Siempre he tenido una respetuosa admiración por los gitanos: por su sensibilidad estética, por su sentido de libertad, por su voluntad de pervivencia. Y todo esto se da dentro de una sociedad todavía tribal, es decir, cerrada. La tribu permite apelar a un Consejo de Ancianos y a una ley moral internalizada por todos los miembros y que, al parecer, cumplen sin rechistar. Uno no puede por menos que mirar con envidia esta capacidad de convicción interior, de ética que funciona sin sistema político: los gitanos, por definición, no tienen Guardia Civil.

La sociedad abierta occidental es lo mejor que tenemos, pero sufre un desajuste que no ha podido solucionar: por ejemplo, la moral propuesta por la religión va por un lado – altruismo, amor al prójimo, mansedumbre –, y el código mercantil va por otro – egoísmo, competencia, agresividad –. Así las cosas, un decreto del Consejo de Ancianos de la sociedad abierta, es decir, las Cortes, tiene que ser respaldado por la Policía, no se cumple por un acto de adhesión nacido de la convicción interior. En el Islam, que aún es sociedad cerrada, la Biblia y el Código Civil coinciden en el Corán; en Occidente, eso pasaba en la Edad Media, pero se separaron con el advenimiento de la era moderna. Nadie o casi nadie desearía hoy vivir como en la Edad Media, pero no se nos oculta que la sociedad actual necesita reajustar los valores para llegar a un consenso moral que funcione como convicción interior y no como competición entre Policía y ladrones.

Luis Racionero, EL INDEPENDIENTE, 24-8-1992

Anotaciones

(2) década (f.): periodo de diez años — tomar cartas en: tomar una decisión sobre — (3) uso (m.): empleo, consumo — (4) conciudadanos (m.p.); aquí: comunidad gitana de Valencia — (6) a ver si resultará que: ¿Será posible que ... ? — menospreciado/a: [geringgeschätzt] — denostado/a: [beschimpft] — (9) aquiescencia (f.): asentimiento, acatamiento — (10) advenimiento (m.): llegada — denominar: llamar — (14) retorno (m.): vuelta — efímero/a: que dura poco tiempo — (15) escapismo (m.): huida [Flucht] — (16) suponer: traer consigo — (18) voluntad (f.) de pervivencia: deseo de sobrevivir — darse: suceder, tener lugar — (21) sin rechistar: sin ningún tipo de protesta — no poder por menos que: verse obligado a — envidia (f.): [Neid] — (24) desajuste (m.): [Verwirrung] — (26) altruismo (m.): [Selbstlosigkeit] — mansedumbre (f.): [Sanftmut] — (28) respaldar: apoyar — (29) adhesión (f.): aceptación — (33) no se nos oculta: no ignoramos, sabemos muy bien

Cuestionario de estudio

Elaboración y comprensión

A) Cuestiones sobre el texto

1. ¿Qué es el Consejo de Ancianos?
2. ¿Con qué fines ha convocado esta institución una reunión?
3. ¿Qué decisiones han sido tomadas en la reunión?
4. ¿Qué lleva a afirmar al autor que quizá los gitanos tengan una ética superior a la de los payos?
5. Infórmese en un diccionario o enciclopedia de quién fue Karl Popper.
6. ¿Cuáles son los aspectos negativos inherentes a la «sociedad abierta»?
7. ¿Qué es lo que el autor admira en la sociedad gitana?
8. ¿Cuál es uno de los problemas que la sociedad moderna no ha podido solucionar?
9. ¿Qué dice del autor del Islam?

B) Léxico y gramática

I Formule de otra forma las expresiones siguientes.

1. El Consejo de Ancianos ya lleva décadas sin funcionar.
2. El Gobierno quiere tomar cartas en el problema de la marginación social.
3. A ver si resulta que los españoles somos más racistas de lo que pensábamos.
4. La autoridad moral de los ancianos pasó a la historia con el advenimiento de la «sociedad abierta».
5. El respeto y acatamiento a las decisiones de los ancianos es una ley moral internalizada por casi todos los miembros de los colectivos gitanos.
6. No todos están dispuestos a cumplir sin rechistar lo que los políticos deciden.

7. No puedo por menos que aceptar que usted tiene razón.
8. La religión y la política se separaron con el advenimiento de la edad moderna.

II Complete el texto.

El Encuentro Nacional de Asociaciones Gitanas, que (comenzar) ayer en Jaén, (estudiar) la articulación de las bases para la constitución de una futura confederación gitana para (defender) sus intereses. En la reunión (participar) responsables de comunidades de Andalucía, Madrid, Extremadura, Valencia, Galicia y País Vasco.

De «improcedentes e inoportunas» calificaron los gitanos las declaraciones del secretario de Estado para la Seguridad, Rafael Vera, quien (afirmar) que el 70% de los traficantes (pertenecer) a esta etnia.

En la reunión de ayer, las asociaciones gitanas (pedir) la dimisión de Vera, al que (acusar) de (mantener) todavía los archivos policiales franquistas. Juan Roig, patriarca de Valencia, (mostrarse) crítico con la Administración por ser ésta la que (deber) solucionar el problema del racismo desde una perspectiva de justicia. (Aducir) que la solución no (estar) en dar más dinero a los gitanos, sino en «una mayor credibilidad para (salir) de esta injusticia social».

Las asociaciones y federaciones gitanas (debatir) también la propuesta del patriarca Juan Roig de (mantener) un frente común para expulsar a los traficantes de su misma raza de toda comunidad gitana. Los responsables (hacer) efectivo el destierro una vez agotado el diálogo con los camellos para que estos (abandonar) el narcotráfico.

La propuesta (ser respaldada) por el representante de la Federación de Asociaciones Romaníes de Andalucía, Constantino Cortés, quien (decir): «Los gitanos honrados no (ir) a (consentir) que unos pocos (empañar) aún más nuestra imagen».

Análisis y comentario

1. Resuma y estructure el contenido del texto.
2. Describa lo que el autor entiende por «sociedad cerrada» y «sociedad abierta».
3. El autor afirma que los gitanos no tienen necesidad de Guardia Civil.
   Explique por qué.
4. ¿Qué componentes hacen necesaria la existencia de la policía en nuestra sociedad?
5. El autor muestra una cierta simpatía con referencia a lo que él llama «sociedad cerrada».
   ¿Comparte usted su opinión?
   Fundamente su respuesta.

LA CULTURA DE LA MARGINACIÓN

Hay algunos gitanos integrados que aunque no viven en la cultura gitana, la conocen, mejor o peor, y desean que se conserve y se revitalice. Pero de entre ellos, algunos parecen creer que la mejor forma de mantener esa cultura es dejar a los chabolistas, a «los más puros», a los que se supone que tienen viva y completa la cultura tradicional, solos y en paz. Dejar solos y en paz a los gitanos chabolistas para que se mantenga la cultura es como negar penicilina para que no muera el ritual de la sombra. Si al final el paciente fallece, no importa, ha sido por una causa justa. Y uno piensa que es impúdico reclamar la soledad de las chabolas desde un sillón de un cuarto piso de la Gran Vía. Pero, además del componente ético, hay detrás de esta voluntad una gran ignorancia: ¿de qué cultura hablan?

Para los gitanos chabolistas terminaron aquellos años de la beneficencia, pero, como entonces, continúan sin Seguridad Social y, salvo las honrosas excepciones de alguna Administración local, sin ayuda institucional. No hay, menos aún para ellos, trabajo asalariado. Y viven concentrados por la fuerza en núcleos de una extrema miseria e insalubridad, de los que, además, se les trata de expulsar.

Pero el período de expansión no pasó sin dejar huella profunda en los gitanos chabolistas. Durante los años del «milagro», la posibilidad de integración, la rápida aculturación selectiva que les inclina hacia viviendas mejores y trabajo asalariado y más rentable, la experiencia de unos años de relaciones étnicas fluidas y tolerantes con los vecinos de la mayoría, las ayudas dadas desde la Iglesia, la Administración, incluso en algún momento el sector privado, todo ello genera unas nuevas relaciones, asociaciones gitanas, proyectos gitanos, convivencia con los payos. Y cuando aquellos años pasaron, fue arrasado casi todo lo conseguido, se llevaron recursos y planes. Dejaron, eso sí, hábitos nuevos de consumo, necesidades antes nunca sentidas, nuevas expectativas. Y los años posteriores respondieron a esa huella imborrable con la negación, la escasez, la frustración.

Estamos pues ante una población distinta a la anterior. Se trata de una población más aculturada y con nuevas exigencias, pero más empobrecida que nunca, y sin el recurso a vías tradicionales de adaptación marginal porque también la crisis se llevó consigo esas vías. Hay muchos, muchísimos gitanos chabolistas que han reaccionado a esa contradicción imposible con el desinterés, la impotencia, la desidia, la desorganización. Núcleos chabolistas como La Perona en Barcelona o como La Celsa en Madrid se han visto forzados a recurrir a la anomia para resistir. Y la anomia significa la pérdida del norte, de los papeles, la pérdida de escalas y criterios aceptados, de normas y jerarquías mantenidas, de explicaciones del mundo y causas de las cosas, de los hombres. Muchos gitanos chabolistas, cada vez más lumpen, refuerzan hasta el extremo su marginalidad, pero no pueden mantener ya su cultura. En algunos lugares que he conocido hace diez o quince años, me deja estupefacta ver el cambio vertiginoso que la orientación cultural de una gente puede dar en tan poco tiempo cuando las bases que mantenían esa cultura cesan de existir, y ésta se desintegra. Nunca, sinceramente lo digo, nunca entre gitanos españoles había visto la prostitución, el olvido de la autoridad de los ancianos, la delincuencia contra los vecinos inmediatos, la ignorancia de las obligaciones familiares, el desinterés por la ayuda mutua, por el nombre del linaje, la irregularidad de los matrimonios según criterios culturales gitanos. Nunca hasta ahora había visto una desmembración social y una pérdida de la cultura como la que ahora se observa en algunos gitanos chabolistas de algunos núcleos especialmente empobrecidos.

Estos núcleos de chabolas, anónimos y dejados de la mano de Dios, son hoy igual a cualquier otro núcleo de población lumpen de cualquier parte de las grandes ciudades de Occidente. Y es que es más bien cultura de la marginación y la pobreza que cultura gitana la que puede en este momento desarrollarse en tales condiciones. Los jóvenes se ven sin salidas posibles, atrapados muchos de ellos en su impotencia en las redes de las mafias payas, sin más solución que ceñirse a extrañas jerarquías y a leyes implacables que desconocen y temen, pero ante las que nadie, absolutamente nadie, les da ninguna alternativa global.

No hay ninguna razón responsable para negar que existen hoy jóvenes gitanos delincuentes, como también mafias poderosas que en todo el mundo rebuscan en la desesperación y la ignorancia para encontrar braceros. Pero ni todos los gitanos son delincuentes, ni el problema de la delincuencia se soluciona con actitudes racistas. Es necesario tomar medidas sociales urgentes, y parece que algunas instituciones políticas locales comienzan a vislumbrarlo. Pero son pocas. Hay que hacer más y tienen que ser todas.

Teresa San Román, Entre la marginación y el racismo, Alianza Editorial 1986

Anotaciones

(2) revitalizar: dar nueva vida — (4) chabolistas (m.p.): gitanos que todavía viven en chabolas — suponer: creer, pensar [annehmen] — (6) negar; aquí: no dar — ritual (m.) de la sombra: [Schattenreich] — (7) fallecer: morir — (8) impúdico/a: inmoral, vergonzoso — (9) la Gran Vía: calle de Barcelona en la que viven los ricos — (11) beneficencia (f.): [öffentliche Fürsorge] — (12) salvo: excepto, dejando de un lado — honroso/a: [ehrenvoll] — (13) ayuda (f.) institucional: ayuda gratuita que da el Estado — (15) insalubridad (f.): pésimas condiciones higiénicas — (16) período (m.) de expansión: en los años setenta y parte de los ochenta, España vivió una época de relativa prosperidad económica a la que se le da el nombre de «el período de expansión» — huella (f.): [Spur] — (18) aculturación (f.): [Akkulturation] — (19) fluida/a: abundante, diferenciado/a — (21) generar: crear, originar — (23) arrasar: destruir — (25) expectativa (f.): [Erwartung] — imborrable: que no se puede eliminar — (26) escasez (f.): [Knappheit] — (29) vía (f.): camino, posibilidad — (31) desidia (f.): [Trägheit] — (33) anomia (f.): falta de orientación, falta de principios — (36) lumpen (m.): [Lump, Außenseiter] — (38) estupefacto/a: mudo/a [sprachlos] — (40) cesar de: dejar de — (45) desmembración (f.): desintegración — (48) dejado/a de la mano de Dios: [von Gott verlassen] — (52) atrapado/a: preso/a [gefangen] — (53) ceñirse a: aceptar sin réplica, supeditarse a [sich unterwerfen] —

(54) implacable: [unerbittlich] — temer: tener miedo a — (57) rebuscar: no cesar de buscar — (58) braceros (m.p.); aquí: personas que trabajen para ellos — (61) vislumbrar: ver, descubrir poco a poco

Cuestionario de estudio

Elaboración y comprensión

A) Cuestiones sobre el texto

1. La autora del texto distingue dos tipos de gitanos.
   ¿De qué tipos se trata?
2. ¿Por qué se ha empeorado la situación de los gitanos?
3. ¿A qué se llama en España «el período de expansión»?
4. ¿Cuáles fueron los aspectos positivos y negativos de esta época para la población gitana española?
5. La población gitana se ha transformado radicalmente.
   Explique por qué.
6. ¿Qué constataciones concretas hace la autora del texto en el colectivo gitano de nuestros días?
7. ¿Cómo se explica la actual pérdida de la identidad gitana?
8. ¿Por qué no les es difícil a las «mafias» encontrar «colaboradores» de raza gitana?
9. ¿Cómo piensa la autora que se puede solucionar el problema de la delincuencia gitana?

B) Léxico y gramática

I Escriba los substantivos que corresponden a los siguientes adjetivos.

imposible	ignorante	inteligente
mantenido/a	concentrado/a	vivo/a
criminal	marginado/a	poderoso/a
justo/a	insalubre	normativo/a
aceptado/a	institucional	aculturado/a
activo/a	urgente	importante
escaso/a	selectivo/a	empobrecido/a
igual	ético/a	marginal
tradicional	existente	racista
desinteresado/a	desintegrante	nuevo/a
normal	social	contradictorio
gratuito/a	pobre	rápido
estupefacto/a	inmoral	vergonzoso/a

II Complete el texto con las preposiciones necesarias.

El Secretario ... Estado ... la Seguridad, Rafael Vera, no dijo que el 70% ... los gitanos se dedique ... vender droga. Dijo que el 70% ... el mercadeo menudo ... la droga lo hacen personas ... raza gitana. Tampoco dio ... entender que las características étnicas de los gitanos les conduzcan ... la delincuencia. Más bien precisó que las revueltas vecinales ... la droga no se han de contemplar ... el racismo y la xenofobia, sino ... la evidencia ... que, efectivamente, el 70% ... los llamados «Camellos» son gitanos.

Y todo esto no lo dijo Rafael Vera una noche ... farra ... dos copas de más, ni ... rueda de prensa convocada ... enredar mientras los propios gitanos se manifestaban ... Madrid. Lo dijo ... el Senado, donde no valen frivolidades ni ocultaciones. Cuando una autoridad comparece ... los diputados y senadores, ha de informarles ... cuanto sabe. (...)

Distinto es que los gitanos estén, efectivamente, marginados, y esto constituye una gran injusticia ... cuya solución debería estar comprometida toda la sociedad. Pero no es un problema nuevo. Existió ... las dictaduras (la dura y la blanda), ... la República, ... la Monarquía, y ha seguido existiendo ... los años que llevamos de democracia. Y uno no entiende cómo los que de repente arremeten ... inusitado énfasis ... los ciudadanos que rechazan gitanos ... un determinado barrio o ... Rafael Vera porque comunica al Senado los datos sobre el problema, han podido estar tantos años ... acordarse ... la raza gitana absolutamente ... nada.

Joaquín Vidal, EL PAIS, 29-10-1991

Análisis y comentario

1. Resuma y estructure el contenido del texto.
2. Describa con sus propias palabras las profundas transformaciones que ha experimentado el colectivo gitano en los últimos años.
3. Consulte un diccionario o enciclopedia y explique el término «aculturación» [Akkulturation].
4. ¿Se puede culpabilizar a los gitanos, en tanto que gitanos, de dedicarse a actividades ilegales y criminales?
   Justifique su respuesta.

AL COLEGIO EN UN COCHE OFICIAL

La tensión vivida en Mancha Real desde el inicio del curso escolar experimentó ayer un giro considerable ante el anuncio del Gobernador civil de Jaén, Joaquín Iñiguez, de no permitir más concentraciones «ilegales» de protesta por la escolarización de niños gitanos y de abrir expedientes sancionadores para aquellas personas que participen en las concentraciones. Medio centenar de mujeres volvieron a concentrarse ayer delante del colegio, esta vez en silencio, para recibir a los niños gitanos que fueron trasladados, por primera vez, en un coche oficial de la Junta de Andalucía.

Fuentes del Gobierno civil aseguraron que están estudiando la posibilidad de sancionar administrativamente, con multas de hasta 500.000 pesetas, o por la vía penal, a 20 mujeres y dos hombres que han sido identificados en las grabaciones de video realizadas por la Guardia Civil, por su participación activa en posibles delitos de coacción y alteración del orden durante las concentraciones.

La niña gitana Francisca Romero, que el pasado miércoles faltó por primera vez a clase, dijo a EL PAIS que su ausencia se debió al temor que le producía tanta gente gritándoles «asesinos». «Estaba muy asustada porque me llamaban asesina y cuando iba a entrar al colegio dos niños me querían pegar, pero un guardia civil no los dejó acercarse», manifestó la pequeña. «Los niños que vienen al cole son amigos míos, pero no me hablan, y yo no me quiero juntar, sólo me junto con mi amiga Susana y con ése que tiene el pantalón claro», dijo la niña señalando a un chiquillo que jugaba a la pelota.

Las mujeres concentradas dijeron que ellas no tenían nada contra los niños y aseguraron que llevarían a sus hijos a clase si se les garantiza que los padres gitanos no los acompañarían a la escuela.

Una de las madres que llevaron a sus hijos a clase indicó: «He traído a mi hijo porque considero que los niños gitanos no tienen culpa de lo que hayan hecho sus padres. Hay muchas otras madres que quieren traerlos pero tienen miedo de que les pase algo». Otra madre dijo: «Mi hijo es compañero de un niño gitano y se lleva muy bien con él y juegan en el recreo juntos», y añadió: «A mí las vecinas me dicen cosas pero no tengo por qué aguantar a nadie y no salgo de mi casa nada más que para ir al trabajo».

El Defensor del Pueblo Andaluz, Manuel Conde Pumpido, acudió ayer a la localidad para ofrecerse como mediador del conflicto. Por su parte, los delegados en Jaén de las consejerías de Gobernación y Educación, Juan Torres y Pedro Martín, respectivamente, mantuvieron una reunión con el profesorado del colegio Sixto Sigler, «para dar un poco de ánimo a los maestros y a chavalines, dado que la tensión es evidente y ellos la están soportando a diario». Torres calificó de «racista» la actitud de las madres, «no es que lo califique yo, sólo hay que irse al diccionario y es la propia semántica de la palabra la que lo califica».

El fiscal general del Estado, Leopoldo Torres, declaró a este diario que antes se consideraba que en nuestro país no había racismo y por tanto no era una conducta necesitada de especial protección penal. «Ahora hemos salido de esa ensoñación, nos hemos descubierto racistas y esto debe preocupar al legislador para que tipifique estas conductas», añadió Torres.

Ignacio Frías, EL PAIS, 20-10-1991

Anotaciones

(1) Mancha Real: pueblo de la provincia de Jaén en el que después de una discusión un gitano mató a un payo de esta localidad — inicio (m.): comienzo — (2) giro (m.): cambio, transformación [Wende] — ante el anuncio del Gobernador civil: cuando el Gobernador civil hizo público que — (4) abrir un expediente sancionador: [ein gerichtliches Verfahren eröffnen] — participar: tomar parte — (6) trasladar: llevar, transportar — (7) Junta (f.) de Andalucía: Gobierno de la Comunidad Autónoma de Andalucía — (8) sancionar: [bestrafen] — (9) multa (f.): cantidad de dinero que se tiene que pagar por haber cometido un delito — por vía penal: condenando a prisión — (10) grabación (f.) de vídeo: [Videoaufnahme] — (11) coacción (f.): [Nötigung] — (13) faltar a clase: no ir a la escuela — (14) temor (m.): miedo — (15) asustado/a: atemorizado/a [erschrocken] — (16) pegar: [schlagen] — (18) juntarse; aquí: jugar — (19) señalar: mostrar, indicar con el dedo — (24) no tener culpa: no ser culpable — (26) llevarse bien: entenderse bien — (27) recreo (m.): [Schulpause] — (28) aguantar: [erdulden, ertragen] — (29) acudir a: ir a, trasladarse a, presentarse en — (30) ofrecerse como mediador: [sich als Vermittler anbieten] — (32) dar ánimo: animar — (33) chavalín (m.): niño, alumno — (35) irse al diccionario: mirar en el diccionario, consultar el diccionario — (37) fiscal (m.) del Estado: [Staatsanwalt] — (39) ensoñación (f.): sueño [Traum, Täuschung] — (40) tipificar: definir y calificar

Cuestionario de estudio

Elaboración y comprensión

A) Preguntas sobre el texto

1. ¿Contra qué protestaban las mujeres que se reunían delante del colegio?
2. ¿Qué medidas anunció el Gobernador civil contra las concentraciones ilegales?
3. ¿Cómo se había constatado que 20 personas concretas habían tomado parte activa en posibles delitos?
4. ¿Qué medidas quiere tomar el Gobierno civil contra estas personas?
5. ¿Quién es Francisca Romero?
6. ¿Por qué no fue Francisca aquel miércoles a la escuela?
7. ¿Cómo se comportan ahora sus amigos con ella?
8. ¿Qué condiciones pusieron las mujeres que se habían concentrado delante del centro escolar para llevar sus a hijos a la escuela?
9. ¿Son todas las madres de los niños de la misma opinión?
10. ¿Con qué fines se personó el Defensor del Pueblo en Mancha Real?
11. ¿Qué dijo el delegado de la consejería de Gobernación sobre la actitud de las madres que se manifestaban?
12. ¿Por qué se hace ahora necesario definir jurídicamente la conducta de las manifestantes?

B) Léxico y gramática

I Transforme las «frases nominales» en frases verbales.

La tensión ha aumentado desde el inicio del curso escolar.
La tensión ha aumentado desde que el curso escolar ha comenzado.

1. La dramática situación de un colegio de Mancha Real ha experimentado un giro considerable ante el anuncio del Gobernador civil de no permitir más concentraciones ilegales.
2. Es posible que se abran expedientes contra los participantes de la concentración.
3. En las grabaciones de vídeo realizadas por la Guardia Civil se puede constatar la actividad ilegal de varias personas.
4. Las mujeres concentradas decían que ellas no tenían nada contra los gitanos.
5. El Gobernador civil calificó de racista la actitud de las madres.
6. La comunidad gitana es un colectivo necesitado de especial protección.
7. El Gobierno quiere sancionar por vía penal a 16 personas.
8. Los niños gitanos no son responsables de las acciones de sus padres.

II Discurso indirecto (repaso)

Ponga en el discurso indirecto las siguientes frases.

1. Pedro dice: «El té con limón me gusta mucho». 2. El taxista nos pregunta: «¿Adónde quieren ir?» 3. Luis Mariano responde: «Mi hermana no está en casa». 4. Pablo les pregunta: «¿Qué hacemos hoy?» 5. Mario dice: «Estoy enfermo». 6. Rüdiger escribe: «quiero pasar el verano en España». 7. Mi madre me pregunta: «¿Vas a la escuela en autobús o a pie?» 8. Inés pregunta: «¿De dónde es Heike?» 9. María me dice: «Yo conozco a tu amigo». 10. María nos pregunta: «¿De quiénes habláis?» 11. Luis dice: «Deseo pagar las cervezas». 12. Ellos me preguntan: «¿Eres alemán?» 13. Luis dice: «Quiero volver a mi casa». 14. Pedro y Luis dicen: «Nuestra madre está enferma». 15. La señora Alcubierre dice: «Mis hijos están en la escuela». 16. Carlos pregunta: «¿Quiénes estáis en el apartamento de Luisa?» 17. Luis nos dice: «Os pago los cafés». 18. María me pregunta: «¿Quieres venir a la estación?» 19. Mi madre me dice: «Te quiero comprar un regalo». 20. Preguntamos a Luis: «¿Sales esta tarde?» 21. María y Luisa nos dijo: «Os queremos acompañar». 22. Leonardo me preguntó: «¿Vienes con nosotros al cine?» 23. Miguel nos preguntó: «¿Cuándo venís a mi casa?» 24. María del Carmen le preguntó: «¿Tienes mi libro de español?» 25. Luis dijo: «Quiero volver a mi casa». 26. Miguel preguntó: «¿Ha estado Andrés con vosotros en el cine?» 27. María dijo: «Estoy muy cansada». 28. Pedro preguntó: «¿Qué hacéis hoy?» 29. Juan dijo: «No entiendo nada». 30. Pedro me dijo: «No te oigo».

Redacción

Exponga con sus propias palabras en unas 10 líneas lo que ha sucedido en un colegio de Mancha Real y la reacción de los órganos administrativos.

«¡O ELLOS O NOSOTROS!»

Todo el pueblo de Escalona se sumó ayer a la huelga y a los actos de protesta por la ingente presencia de gitanos en las márgenes del río Alberche a su paso por la localidad. A las nueve de la mañana, los escaloneros se concentraron en la plaza Infante Juan Manuel, desde donde se dirigieron a la carretera N-403, que estuvo cortada al tráfico cerca de dos horas.

La movilización transcurrió en un ambiente tenso, mientras por el camino paralelo a la carretera abandonaban las márgenes del río cientos de gitanos. Aunque no se produjeron enfrentamientos físicos, sí se cruzaron insultos y amenazas, y se lanzaron algunas piedras.

Un gitano, identificado por la policía local como «el Quique Gamoiras», llegó a bajarse de su furgoneta y encararse con los manifestantes armado con una navaja, sin que el incidente pasara a mayores.

Los manifestantes negaron cualquier impulso racista y aseguraron que su único deseo es preservar el río, «que es nuestro medio ambiente y nuestra principal fuente de ingresos. No es una cuestión de raza, sino de educación. No nos molestan los gitanos, sino quienes no aceptan las normas de convivencia».

Los vecinos se quejan de que alrededor de 2.000 gitanos visitan habitualmente el río Alberche a su paso por Escalona sin molestarse en cuidar las condiciones medioambientales de la zona y la limpieza de las riberas. La presencia de estos gitanos, que «se sumergen vestidos en el río para celebrar sus ritos bautismales y matrimoniales», incide negativamente en el turismo, principal fuente de ingresos de la población. «No viene un turismo limpio, sino delincuentes, gitanos o no. El río no muere, le están matando». El propietario de un chiringuito situado junto al Alberche recuerda que «en tiempos de mi abuela pasaban por su merendero miles de personas. Ahora al mío no baja nadie, porque les repele la suciedad. No me importa si son gitanos o payos quienes la provocan. De aquí salen cada día dos camiones de basura que hay que recoger, porque, los bidones que se han puesto están vacíos y lo tiran todo en cualquier parte».

Otro vecino añade que «un gitano me ha llegado a decir que para eso estamos los payos, para quitar sus basuras, porque bastante tiempo ha sido al revés. Hemos llegado a un punto que son ellos o nosotros».

El alcalde de Escalona, Germán Díaz, del PSOE, y el portavoz del PP en el Ayuntamiento, Juan Antonio Sánchez, así como el resto de los concejales escaloneros, se sumaron a la manifestación.

G.A., YA, 24-7-1992

Anotaciones

(1) Escalona: pueblo de la provincia de Toledo — sumarse a: acudir a, tomar parte en — (2) ingente: exagerado/a, muy numeroso/a — margen (f.): ribera, orilla [Ufer] — a su paso por; aquí: en la zona de — (3) escalonero (m.): habitante de Escalona — (5) cortado/a: interceptado/a [gesperrt] — (6) transcurrir: desarrollarse, tener lugar — tenso/a: [angespannt] — (8) cruzar insultos: [Beleidigungen wechseln] — amenaza (f.): [Drohung] — (11) furgoneta (f.): camión pequeño [Lieferwagen] — encararse: enfrentarse — navaja (f.): [Taschenmesser] — (12) pasar a mayores: agravarse — (14) preservar: defender y conservar — (17) quejarse: lamentarse [sich beklagen] — (18) molestarse en: preocuparse de — cuidar; aquí: atenerse a, respetar — (20) sumergirse: meterse [tauchen] — (21) incidir negativamente en: tener consecuencias negativas para — (23) chiringuito (m.): pequeño bar [Imbiß] — (24) merendero (m.): nombre que se daba en otro tiempo a los chiringuitos — (25) repeler: repugnar [abstoßen] — (27) bidón (m.); aquí: [Müllbehälter] — (29) añade: dice también — (32) portavoz (m.): representante ante la prensa

Cuestionario de estudio

Elaboración y comprensión

A) Preguntas sobre el texto

1. ¿Contra qué protestaron los habitantes de Escalona?
2. ¿A qué hora comenzó la manifestación?
3. ¿Qué hicieron los gitanos al constatar la manifestación?
4. ¿Hubo enfrentamientos en el curso de la manifestación?
5. ¿Qué dice el texto de «el Quique Gamoiras»?
6. ¿Por qué no se consideraban racistas los escaloneros que tomaron parte en la manifestación?
7. ¿Por qué tiene la presencia de los gitanos consecuencias para la región?
8. ¿De qué se lamentaba el propietario de un chiringuito?
9. ¿Por qué no quieren recoger algunos gitanos las basuras?
10. ¿Cómo reaccionaron la administración local y los políticos a la convocatoria de la manifestación?

B) Léxico y gramática

I Escriba los substantivos que corresponden a los siguientes verbos.

insultar	educar	amenazar	preocupar
expulsar	adquirir	pasar	deteriorar
convocar	manifestar	concentrar	cruzar
acampar	celebrar	provocar	acompañar
salir	movilizar	repetir	lanzar
intervenir	cuidar	incidir	entrar

explicar	degradar	llegar	permitir
abandonar	prohibir	transcurrir	intervenir
recoger	preservar	sumergir	recordar
matar	desbordar	venir	reaccionar

II Ponga las frases en pasiva.

1. Algunos ciudadanos no aceptan las normas de convivencia de la sociedad en la que viven.
2. Los manifestantes cortaron el tráfico de la carretera durante tres horas.
3. Los turistas contaminan las aguas de los ríos de la región.
4. El alcalde de la localidad encabezará la manifestación.
5. La dictadura pisoteó los derechos de la raza gitana.
6. El Gobernador de la provincia ha invitado a los periodistas.
7. El presidente de la asociación presentará los problemas del colectivo gitano.
8. Este museo se podía visitar durante todo el año.
9. Colón descubriría América en 1492.
10. Los terroristas han atracado a algunos bancos.
11. Los vecinos del pueblo recogen la basura que dejan los turistas.

Análisis y comentario

1. Comente el contenido del título y su función.
2. Explique detalladamente las causas que motivaron la movilización de Escalona.
3. Los habitantes de Escalona no se consideran racistas.
   ¿Comparte usted su opinión? Justifique su respuesta.
4. Analice el lenguaje del que se sirve el autor de este texto y determine a qué tipo de mensaje pertenece el escrito.

GITANOS Y EX ALUMNOS DE EL PILAR

El normalmente silencioso señor Rafael Vera, un hombre seguro al frente de importantes departamentos de nuestra seguridad, acaba de abrir la boca y ha informado a la opinión pública que un 70% de la distribución de la heroína pasa por los gitanos. Si el señor Vera hubiera hecho estas declaraciones acompañándolas de otras estadísticas, por ejemplo, de cuántos gitanos reciben un trato social como el de los payos, cuántos son realmente los implicados en el pequeño tráfico y, sobre todo, si las hubiera hecho en tiempos de tranquilidad antirracista ... . Pues bueno: la verdad ni teme ni ofende. Pero es que al señor Vera se le ha puesto la boca blanda en un momento en que la caza del gitano, del moro o del drogadicto se ha convertido en deporte cívico, ahora a practicar con el argumento de que un 70% de la heroína que corre por las venas de España la distribuyen, precisamente, esos oscuros y amenazadores personajes que ya no se conforman con robar gallinas o cantar el «Lerelé».

Claro, si comparamos el número de gitanos implicados en el tráfico de heroína, con el número de ex alumnos de un colegio tan patriarcal como el de El Pilar (por poner un ejemplo) implicados en el mismo negocio, los gitanos son más culpables de la circulación de heroína que los ex alumnos de El Pilar. ¿Consecuencias a extraer de este dato? Que de haber ido todos los gitanos, absolutamente todos, al colegio de El Pilar, la heroína la venderían otros, pero nunca, nunca los gitanos. La heroína siempre la venden «los otros», los que han llegado tarde a los demás tráficos, sea acciones bancarias o sea el de lenguajes y la consumen también «los otros», esos insatisfechos que no agradecen que se les monten Quintos Centenarios, Olimpiadas, capitales culturales o reconversiones industriales. Cuidado con los gitanos y con los perdedores, aunque no sean gitanos.

M. Vázquez Montalbán, EL PAIS, 28-10-91

Anotaciones

(1) Rafael Vera: Secretario de Estado para la Seguridad — al frente de: que dirige, que es responsable de — (3) pasar por; aquí: pasar por las manos de, es realizado/a por — (5) trato (m.) social; aquí: [Sozialleistungen] — (6) payo (m.): español que no pertenece a la raza gitana — los implicados: los que están metidos [verwickelt] — (8) ni teme ni ofende: se puede decir siempre — se le ha puesto la boca blanda: ha hablado demasiado — (9) caza (f.): persecución [Verfolgung] — moro (m.): árabe — (10) deporte cívico: deporte popular — ahora a practicar: que hay que practicar en la actualidad, que se ha puesto de moda — (11) venas (f.p.) de España: venas de los españoles — (12) conformarse: darse por satisfecho/a — Lerelé (m.): canciones del folklore gitano — (14) patriarcal: renombrado/a, de mucha fama — (16) circulación (f.); aquí: venta, tráfico — consecuencias (f.p.) a extraer: consecuencias que hay que sacar, deducir — (17) de haber ido: si hubiesen ido — (20) los lenguajes; aquí probablemente: negocios [Handel] —

(21) montar: organizar, crear — (22) reconversión (f.) industrial: modernización de la industria — perdedor (m.); aquí: [Verlierer]

Cuestionario de estudio

Elaboración y comprensión

A) Preguntas sobre el texto

1. ¿Quién es Rafael Vera?
2. ¿Qué ha declarado Vera ante los medios de comunicación?
3. ¿Por qué no considera el autor esta declaración ni justa ni oportuna?
4. ¿Con quién compara el autor a los «traficantes» gitanos?
5. ¿Qué conclusión saca de esta comparación?
6. ¿Quiénes son para el ciudadano normal responsables del problema de la droga?

B) Léxico y gramática

I Explique con sus propias palabras las siguientes afirmaciones.

1. La distribución de la heroína pasa por los gitanos.
2. El trato social que reciben los gitanos difiere mucho del que reciben los payos.
3. Al ministro se le ha puesto la boca blanda.
4. La heroína corre por las venas de España.
5. De haber ido este gitano al colegio de El Pilar, nunca vendería heroína.
6. Consecuencias a extraer de este hecho son que los gitanos no son totalmente culpables de sus actos.
7. El normalmente silencioso presidente ha abierto la boca.
8. La verdad ni teme ni ofende.

II La expresión de la condición

1. Si los políticos (hacer) sus declaraciones nombrando todos los hechos, sería posible aceptarlas.
2. Si este chico (ser) alumno de un colegio de paga, ahora no estaría en la cárcel.
3. Si la sociedad fuese más culta, el racismo no (tener) la aceptación que tiene.
4. Si el colectivo gitano (recibir) la formación necesaria para ser empleados en trabajos bien remunerados, sólo una minoría ínfima de este grupo social se dedicaría al tráfico de drogas.
5. Si las naciones industrializadas se preocuparan seriamente de la situación de los países subdesarrollados, la emigración proveniente de estos países (disminuir) nota-blemente.
6. Si [tú] (prestar) más atención, habrías comprendido lo que [él] (decir).
7. Si [yo] lo (saber), te lo diría.
8. Si la sociedad no discriminase a los gitanos, ya (hacer) mucho tiempo que (estar) integrados en la sociedad española.

III Traducción

1. Es injusto afirmar que las características étnicas de los gitanos les predisponen a la delincuencia.
2. La marginación de los gitanos constituye una gran injusticia en cuya solución debería estar comprometida toda la sociedad.
3. Es incomprensible cómo los que arremeten con inusitado énfasis contra los ciudadanos que rechazan a los gitanos de un determinado barrio o zona han podido estar tantos años sin acordarse para nada de la raza gitana.
4. Es injusto culpar a toda una raza de lo que hace alguna de las personas que pertenece a ella.
5. Un informe, elaborado por Cáritas, indica que en España existe un grado muy preocupante de racismo.
6. Casi el 70 por ciento de los traficantes de heroína son gitanos, según informó esta semana Rafael Vera, secretario de Estado para la seguridad. Vera, en una comparecencia en el Senado, explicó que una parte de este grupo está involucrado en otros delitos, mientras otra parte son adictos a la heroína. Según Vera, es una «barbaridad» culpar a los gitanos en exclusiva de esta situación, y las soluciones no deben ser sólo policiales, sino ayudarles a salir de la marginación, «puesto que ellos son los primeros que sufren el problema».

Análisis y comentario

1. Resuma y estructure el contenido del texto.
2. Formule las acusaciones que aparecen en el texto contra Rafael Vera.
3. Comente la frase «la caza del gitano, del moro o del drogadicto se han convertido en deporte cívico».
4. ¿Está usted de acuerdo con la relación de dependencia que establece el autor entre cultura y criminalidad?
   Justifique su respuesta.
5. Enumere y comente los principales recursos de los que se sirve el autor del texto.

CRISTIANOS VIEJOS

Nosotros no somos racistas; pero quemamos las casas de los gitanos e impedimos que sus hijos vayan a la misma escuela que los nuestros. No porque consideremos a esos niños personalmente culpables, sino porque sus padres los educan para ser el día de mañana gitanos, gitanos adultos; y, sencillamente, no queremos que nuestros hijos sean mañana drogadictos, pendencieros, robaperas. Ahora bien, en eso precisamente consiste el racismo: en atribuir a las gentes unas determinadas características, inclinaciones, vicios, en función del color de su piel, formato de su prepucio o modo de pronunciación; o sea, de su adscripción étnica. Se trata del fenómeno de la alteridad que otros ya elaboraron, con las consecuencias sabidas, con los judíos.

Lo que está ocurriendo en el pueblo jiennense de Mancha Real resulta especialmente revelador porque los elementos del drama han sido llevados allí hasta el límite. El asesinato de un payo a manos de unos gitanos, por una parte; la extensión de la represalia hasta los niños, por otra. También es racismo la pretensión de que el respeto a la singularidad cultural, ancestrales tradiciones o características psicológicas de los gitanos les otorgue cualquier especie de patente para transgredir la ley. En Mancha Real hubo un homicidio, y las personas detenidas como presuntas culpables del mismo están a la espera de juicio. Pero ni siquiera el hecho de que se trate de algo tan grave autoriza a nadie a tomarse la justicia por su mano. Hacerlo equivaldría a borrar la principal diferencia entre civilización y barbarie: la sustitución del mecanismo sin fin de la venganza privada por la represalia única y decidida por un poder judicial neutral. Pretender llevar esa venganza hasta la prohibición de que unos niños puedan acudir a la escuela no sólo es incivilizado; ni siquiera llega a bárbaro: Es salvaje.

Tal como están las cosas, difícilmente convencerán estos argumentos a las personas que desde el lunes se mantienen de guardia ante la escuela. Pero hay otro, en forma de pregunta: ¿cómo van a asimilar los conocimientos y pautas de comportamiento que sus profesores les inculquen en la escuela unos niños que han pasado horas llamando asesinos a otros niños, sus compañeros, por el hecho de ser gitanos? ¿Cuál será la huella que ese comportamiento al que se les ha arrastrado dejará en ellos? ¿Es que nadie en ese pueblo va a tener el valor de detener esa locura?

Editorial, EL PAIS, 19-9-1991

Anotaciones

(1) quemar: destruir por medio el fuego — (5) pendenciero/a: propenso/a a riñas [streitsüchtig] — robaperas (m.f.s.p.): [Birnendieb] — (6) atribuir: [zuschreiben] — (7) prepucio (m.): [Vorhaut] — modo (m.) de pronunciación: acento con el que hablan el castellano — (8) adscripción (f.): [Zuteilung] — alteridad (f.): el ser otro, el ser diferente — (9) elaborar: investigar y poner en práctica — sabido/a; aquí: conocido/a — (10) jiennense: de la provincia de Jaén — resultar revelador: [sich als aufschlußreich

erweisen] — (12) a manos de: realizado/a, llevado/a a cabo por — (13) pretensión (f.): exigencia [Anspruch] — (14) ancestral: muy antiguo/a — (15) otorgar: conceder, dar — patente (f.); aquí: permiso, legitimación sin límites — trasgredir: quebrantar [übertreten] — (16) homicidio (m.): asesinato de un ser humano — presunto/a: [angeblich] — (17) estar a la espera de: estar esperando — (18) tomarse la justicia por su mano: [Selbstjustiz üben] — borrar: hacer desaparecer, eliminar — (19) mecanismo (m.) sin fin: cadena de reacciones que no tiene fin — (20) venganza (f.): [Rache] — (22) acudir: ir, asistir — (24) mantenerse de guardia: [Wache halten] — (25) pauta (f.); aquí: modelo — (26) inculcar: enseñar, hacer aprender — (28) huella (f.): [Spur] — arrastrar: [mitreißen] — (29) detener: hacer cesar, poner fin — locura (f.) [Wahnsinn]

Cuestionario de estudio

Elaboración y comprensión

A) Preguntas sobre el texto

1. ¿A qué actitudes discriminatorias y racistas se hace referencia la primera parte del texto?
2. ¿Cómo define el autor el término «racismo»?
3. ¿Dónde está Mancha Real?
4. ¿Qué dos alarmantes sucesos han tenido lugar en este pueblo andaluz?
5. Existe la posibilidad de que también los gitanos adopten actitudes racistas.
   ¿Cómo aclara el autor este hecho?
6. El autor afirma que no es legítimo tomarse la justicia por su mano.
   ¿Cómo fundamenta el autor su afirmación?
7. ¿Por qué puede ser pernicioso para los niños el comportamiento de algunos ciudadanos de Macha Real?

B) Léxico y gramática

I Escriba los verbos que corresponden a los siguientes substantivos y adjetivos.

el dirigente	el comportamiento	revelador
la reunión	el lamento	detenido/a
la pronunciación	el contraste	presunto/a
la extensión	el juicio	decidido/a
la pretensión	la venganza	extraño/a
la espera	la prohibición	asesino/a
la pregunta	el conocimiento	defensivo/a
el respeto	la conducta	reivindicativo/a
la protección	la difusión	reconocido/a

II Complete las frases con las palabras que preceden a cada texto.

1. droga — se convirtió — reunión — un lamento — final de — pedían — a los medios de comunicación — que — recordaron — global — comunicado — casas — entre

Los dirigentes gitanos ... que «a los payos que venden ..., que son la mayoría, no se les queman las ... ni la sociedad les persigue». Esta ... de responsables gitanos ... en una reivindicación ... de los problemas ... sufren los gitanos y en ... por la identificación que ahora se hace ... gitanos y droga para «perseguirles». Al ... la reunión, hicieron un ... en el que ... precisamente la desaparición de esta atribución y se solicitaba ... que evitaran la coletilla «raza gitana».

2. acciones delictivas — comprometieron — con — de colaborar — revisión — en la — la droga — medidas — miembros — son — payos — venta

Asimismo demandaron una ... de la política de vivienda y su participación ... comisión mixta parlamentaria contra ... cuando afronte ... destinadas a los gitanos. Los patriarcas se ... «a repudiar» a los ... de su pueblo que estén relacionados ... la droga, aunque resaltaron que ... los poderes públicos quienes tienen que reprimir las ..., ya sean sus autores ... o gitanos. El presidente de la Asociación de Integración Gitana, expresó su compromiso ... con las autoridades para erradicar «algo tan asqueroso como la ... de droga».

3. situación — la xenofobia — sentirse — propia — de — al considerarse

Un dirigente gitano andaluz, calificó ... esperpéntica la ... en la que viven los gitanos ... víctimas de brotes de xenofobia más que de racismo. A su juicio, es peor ... porque «hace a uno ... extraño en su ... tierra».

III La voz pasiva

Traduzca las frases siguientes.

1. Das Auto muß möglichst schnell repariert werden. 2. Das Haus wurde zu einem interessanten Preis verkauft. 3. Ich bedaure wirklich, daß eure Freunde nicht eingeladen worden sind. 4. Hier wird Spanisch gesprochen. 5. Ich bin nicht danach gefragt worden. 6. Wir werden sie nie mehr einladen, wenn wir nächstes Mal nicht von ihnen eingeladen werden. 7. Manolo wäre natürlich zu der Party gekommen, wenn er eingeladen worden wäre. 8. Es wurde nichts beschlossen. 9. Dieses Haus wurde auch von Antonio Gaudí erbaut. 10. Ich weiß nicht, ob unser Auto noch repariert werden kann. 11. Der Präsident wurden vom Außenminister begleitet. 12. In Spanien werden vier Sprachen gesprochen. 13. In der vergangenen Woche wurde in unserer Stadt eine spanische Woche organisiert. 14. In dieser Straße sind viele Geschäfte eröffnet worden. 15. In welchem Krankenhaus wird er operiert? 16. Das Geschäft wird um 9 Uhr geöffnet.

Análisis y comentario

1. Resuma y estructure el contenido del texto.
2. Explique la contradicción que el autor quiere hacer patente en el comienzo del texto.
3. Exponga brevemente lo que sucedió en el colegio de Mancha Real.
4. El autor no acepta la posibilidad de que el individuo concreto se tome la justicia por su mano.
   ¿Comparte usted su opinión?
   Justifique su respuesta.
5. Enumere y analice los principales recursos literarios que aparecen el en texto.

III

LOS «MOROS» EN LA NUEVA DEMOCRACIA ESPAÑOLA

LA VIDA EN MARRUECOS

El barrio de Sidi Talha, en Tetuán, permite hacerse una idea de la realidad cotidiana de la mayor parte de los marroquíes. Muchos de los habitantes de este barrio viven en barracas de madera y uralita pintadas de un azul celeste que les confiere una increíble dignidad. Otros tienen la suerte de habitar una casa de ladrillos, normalmente construida por ellos mismos.

Es muy probable que todos ellos hayan recibido como una buena noticia el futuro aumento del sueldo mínimo en un 15 por 100, lo que les permitirá ganar 1.500 dirhams al mes, algo menos de 19.000 pesetas.

A algo más de la mitad de los habitantes de este barrio la noticia no les dirá mucho: llevan años en paro. Si, a pesar de todo, tienen trabajo, el nuevo sueldo mínimo seguirá sin permitirles cubrir sus necesidades más elementales. En circunstancias semejantes, la única tabla de salvación suele consistir en tener uno o varios miembros de la familia trabajando en algún país europeo.

Y es que en Sidi Talha – como en casi todas partes en Marruecos – falta trabajo y sobra frustración. Hace ya dos años que sus vecinos dieron su óbolo para la construcción en Casablanca de la mezquita más grande del mundo, cuya inauguración se anunció entonces para el verano de 1989 coincidiendo con el 60 cumpleaños del rey. Aún no está terminada. Los certificados que testifican la entrega de estas aportaciones más o menos voluntarias lucen hoy como parte de la decoración interior del edificio junto a retratos de Hassan II y fotos de los hijos que trabajan en Francia o en España. Poseer la mayor mezquita del mundo. En Marruecos este tipo de megalomanías – patrióticas o religiosas – consiguen que la gente deje de pensar por algún tiempo en sus verdaderos problemas.

La mitad de los marroquíes tiene menos de 19 años. Jóvenes, ciudades y paro forman un trinomio cuya combinación suele ser explosiva en cualquier parte del mundo, y Marruecos no es una excepción a esta regla. A veces este coctel toma formas un tanto llamativas, como los numerosos grupos de jóvenes que deambulan ociosos por las calles de sus ciudades o forman gremios de las artes más inverosímiles para sobrevivir como limpiabotas, buscataxis, aguadores, improvisados «guías turísticos», que se ofrecen para que el turista no se pierda por los complicados laberintos de los zocos, o vendedores ambulantes de todo lo humanamente imaginable.

Durante las últimas décadas, una salida importante de la crisis ha sido la emigración. Se calcula en 910.000 los marroquíes que viven en Europa de los cuales 130.000 residen en España (algo más de la mitad, en situación irregular). Son muchas las familias que se mantienen gracias a los sacrificios de algunos de sus miembros en esta Europa que hace tres décadas los llamó para impulsar su desarrollo económico y hoy les estrecha el cerco, les relega a viviendas inhabitables o incluso desata contra ellos una verdadera caza y captura.

Angel Ruiz, Mundo Negro, Febrero 1991

(Texto ligeramente adaptado)

Anotaciones

(1) Tetuán: ciudad marroquí situada en la costa mediterránea — cotidiano/a: diario/a, de todos los días — (3) uralita (f.): [Wellblech] — conferir: dar [verleihen] — (4) dignidad (f.): [Würde] — ladrillo (m.): [Ziegelstein] — (7) dirham (m.): unidad monetaria de Marruecos — (10) llevan años en el paro: ya hace años que no tienen un lugar de trabajo — (11) cubrir las necesidades más elementales: poder comprar lo necesario para vivir — (12) tabla (f.) de salvación: [rettende Planke, letzte Zuflucht] — (15) sobrar: haber demasiado/a — óbolo (m.): limosna [Spende] — (16) mezquita (f.): templo árabe — (17) coincidir con; aquí: tener lugar al mismo tiempo que — (18) testificar: [bezeugen] — (19) lucir: estar expuesto/a — (21) megalomanía (f.): manía monstruosa — (25) trinomio (m.): [Trinom] — (27) deambular ocioso/a: pasearse por las calles por no tener trabajo — (28) gremio (m.): grupo — arte (f.) aquí: profesión — inverosímil: absurdo/a — (29) aguador (m.): repartidor de agua — (31) zoco (m.): mercado — (32) década (f.): período de diez años — (35) sacrificio (m.): [Opfer] — (36) impulsar: aumentar, vivificar — (37) estrechar el cerco: [den Belagerungsring enger schließen] — relegar: [verbannen] — desatar una caza y captura: [verjagen]

Cuestionario de estudio

Elaboración y comprensión

A) Preguntas sobre el texto

1. ¿Cómo son las viviendas de los habitantes del barrio de Sidi Talha?
2. ¿Dónde se encuentra este barrio?
3. ¿Por qué dice el autor que algunos estarán en estos días contentos?
4. ¿Reaccionarán todos los habitantes de la misma manera?
5. ¿Cómo consiguen sobrevivir con cierta holgura algunas familias marroquíes?
6. ¿Qué quería inaugurar el rey de Marruecos con motivo de su sesenta aniversario?
7. ¿Cómo se financia la construcción de la mezquita?
8. ¿Cuáles son los fines que se persiguen con la construcción de la «mezquita más grande del mundo»?
9. ¿Cuál es el principal problema de la juventud de Marruecos?
10. ¿A qué actividades se dedican los jóvenes que no tienen trabajo?
11. ¿A qué países emigran los marroquíes?
12. ¿Dé que acusa el autor del texto a Europa?

B) Léxico y gramática

I Consulte el diccionario y escriba los substantivos que corresponden a los siguientes verbos.

construir	impulsar	llamar	resignarse
calcular	perder	convertir	ofrecer
sufrir	mantener	testificar	impulsar

permitir	finalizar	anunciar	donar
terminar	premiar	padecer	aumentar
vender	comprar	pasear	inaugurar
financiar	relegar	acusar	reaccionar

II Complete el texto con las preposiciones y conjunciones necesarias.

Ocho ... la mañana. Empieza ... subir la temperatura en Nuakchot. Alrededor ... la fuente situada ... uno ... los kebés (barrio de chabolas) ... la capital mauritana, casi una decena ... aguadores se afanan ya, cubo ... cubo, ... llenar sus barricas de cien litros antes ... partir ... abastecer ... todos sus clientes. Ahmadou es uno ... ellos. Ha dejado su pueblo, situado al sudoeste del país, para venir ... probar suerte ... esta capital, donde se agrupa un tercio ... la población del país.

No todo el que quiere puede convertirse ... aguador. Ahmadou ha tenido que desembolsar 15.000 ouguiyas (unas 20.000 pesetas) ... comprar las tres herramientas indispensables ... el trabajo ... aguador: una carreta, dos barricas ... cien litros y un asno.

La inversión es importante ... un país donde el salario mensual ... un enfermero es ... 8.000 ouguiyas. Mientras que Ahmadou ha conseguido ser su propio jefe, muchos ... sus colegas trabajan ... verdaderos empresarios del comercio ... agua, que alquilan el equipo ... sus empleados, muchas veces niños, a cambio ... salarios míseros.

Sus compañeros y él controlan el abastecimiento ... las cuatro quintas partes ... la población ... la capital que no tienen acceso al agua corriente. Varios cientos ... miles de personas dependen ... estos aguadores ... obtener el suministro ... cada día. Pero son muchos y la competencia es dura.

... haber llenado sus dos barricas, y haber pagado el impuesto ... cuarenta ouguiyas correspondiente ... la tarifa municipal ... la toma ... agua, Ahmadou empieza su recorrido. No tiene un circuito preestablecido ni clientes fijos; un aguador no puede confiar nada más que ... su intuición, ... su suerte y, a veces, ... su fuerza física.

... las once horas (... las siete ... la mañana y las ocho ... la tarde) Ahmadou recorre los distritos quinto y sexto y los «kebés» ... Nouakchott. Sabe que allí encontrará clientes lo bastante pobres como ... que no tengan agua corriente, pero lo bastante ricos ... para llenar sus reservas ... agua ... sus propios domicilios ... tener que desplazarse ... la fuente.

Puede ocurrir que al final ... una jornada no haya encontrado ni un sólo cliente o que la fuente no se pueda utilizar debido ... un corte del suministro ... agua. En ese caso, Abmadou tendrá que trabajar el doble al día siguiente, ya que tiene que devolver los préstamos que le han permitido financiar su equipo. No tiene derecho ... estar enfermo. Otros ocuparían su lugar.

Cuando se le pregunta ... su futuro, Ahmadou duda. Le cuesta muchísimo ver más allá ... la necesidad diaria ... vender su agua. Su horizonte se acaba ... la fuente, un esfuerzo cotidiano ... la supervivencia. (...)

Jean Thual, El agua de hoy y la sed de mañana, Madrid 1992

Redacción

Explique con sus propias palabras, en unas diez líneas, la situación en que se encuentran los trabajadores marroquíes.

CEMENTERIO MARINO

El primer aniversario de la exigencia de visado a los ciudadanos magrebíes (marroquíes, argelinos y tunecinos) que viajan a España ha coincidido con una nueva tragedia en las aguas del Estrecho de Gibraltar. Lo sucedido no tiene nada de extraño. En los 12 meses transcurridos desde que el Gobierno español, por exigencias comunitarias, decidió poner una nueva barrera burocrática al flujo de emigrantes del norte de Africa, han sido numerosas las vidas que han quedado truncadas al intentar alcanzar de forma ilegal el litoral español.

En esta ocasión, 19 emigrantes marroquíes – cuatro ahogados y 15 desaparecidos cuyos cuerpos no han sido todavía hallados – han sido tragados por el mar al naufragar la «patera» (endeble embarcación utilizada en estos casos por su facilidad para eludir la vigilancia) en la que intentaban alcanzar desde Tánger las costas españolas. El trágico balance en vidas humanas con el que se ha saldado el primer año de la aplicación de la normativa comunitaria sobre emigración exterior a las fronteras comunes entre España y el Magreb constituye una denuncia tanto contra las restrictivas políticas migratorias vigentes en Europa como contra las condiciones de vida de los países de origen de las víctimas.

Es cierto que la total supresión de barreras es contraria a cualquier política de integración, dada la relación demostrada entre emigración incontrolada y proliferación de guetos de marginación y delincuencia. En este sentido, el proceso abierto en España en el último año para regularizar la situación de los cientos de miles de extranjeros residentes en su territorio ha sido un intento serio, aunque probablemente insuficiente, para conseguir su integración social y laboral. Pero las leyes de inmigración, además de inspirarse en sentimientos humanitarios, deben aplicarse con flexibilidad haciendo oídos sordos a la rampante xenofobia con la que algunos sectores minoritarios reaccionan frente a los emigrantes. De otro lado, el problema concierne también a los Gobiernos de los países de origen de esos emigrantes: si cientos de ellos asumen el riesgo de un destino tan trágico es porque lo juzgan preferible a la situación económica, social y política en la que viven.

En todo caso, si los países de la CE y del Magreb son incapaces de encontrar cauces adecuados al flujo migratorio existente, al menos están obligados a evitar que las aguas del Estrecho se conviertan en cementerio de emigrantes. España y Marruecos, principalmente, no pueden permanecer con los brazos cruzados ante las mafias que comercian con los sueños de quienes quieren mejorar su suerte, vendiéndoles papeles falsificados y amontonándolos en frágiles embarcaciones con destino probable al fondo del mar.

Editorial, EL PAIS, 10-2-1992

Anotaciones

(1) visado (m.): permiso que en algunos casos se exige para poder entrar en una nación — (4) meses transcurridos: meses que han pasado — exigencias comunitarias: exigencias de la Comunidad Europea con respecto a España — (5) flujo (m.): oleada [Menge, Welle] — (6) han quedado truncadas: se han perdido — (7) litoral (m.) español: costa española — (8) ahogado/a: [ertrunken] — (9) tragar: [verschlingen] — naufragar: hundirse [Schiffbruch erleiden] — (10) endeble: poco consistente — eludir: evitar — (12) balance (m.) en: número de — saldar: terminar, finalizar — (15) vigente: [gültig, rechtskräftig] — (18) relación demostrada: relación que se ha demostrado que existe — proliferación (f.); aquí: aumento incontrolable — (24) hacer oídos sordos: no oír — rampante: creciente — (25) concernir: [betreffen] — (27) asumir: exponerse a — (29) cauce (m.): camino — (32) permanecer con los brazos cruzados: no hacer nada — (33) comerciar: negociar, hacer dinero — (34) amontonar: [anhäufen]

Cuestionario de estudio

Elaboración y comprensión

A) Preguntas sobre el texto

1. ¿Cuántas y cuáles son la naciones que componen el Magreb?
2. ¿Qué exige la Comunidad Europea a España?
3. ¿Qué tragedia ha ocurrido en el día del primer aniversario de la imposición del visado para pasar la frontera?
4. ¿Quienes son, en parte, responsables de la tragedia?
5. ¿Por qué no puede España abrir totalmente las fronteras a los países magrebíes?
6. ¿Por qué se arriesgan los magrebíes a perder su vida al intentar llegar a las costas españolas?
7. ¿Qué es lo que tienen que hacer inmediatamente España y Marruecos?

B) Léxico y gramática

I Complete el texto.
al mar — cruzar — que — de cada cuatro — devueltos a — el deseo — en las costas del — en Marruecos — en provincias — en televisiones — en tragedia — entrar — eran enterrados — fueron detenidos — hacinados — ilegal — incidentes — logra huir — primera — salir — se saldan — superviviente — supervivientes — tomara conciencia — tras morir asfixiados — una patera

Además de Cádiz, Almería ha sido este año escenario de constantes ... en los que ... de los inmigrantes de ... en España ha acabado ... . El 6 de febrero llegaba a la playa de Almerimar, en El Ejido, un viejo pesquero almeriense comprado ... con más de un centenar de inmigrantes ... en la bodega y en la cubierta para ... el Estrecho.

Según el testimonio de un ..., unos 20 pasajeros habían caído ... por el exceso de ocupación o arrojados por la borda ... . Ciento diez ... fueron detenidos y ... Marruecos. Dos cadáveres ... en el cementerio local. Fue el mayor ... dramático desembarco ... ha vivido la provincia de Almería.

En mayo era encontrada ..., en la cala de San Miguel. Dos jóvenes marroquíes ... por entrada ... pero se supone que al menos otros 30 lograron ... de la zona. Esta era la ... llegada sin víctimas desde la trágica de febrero.

Los llamativos reportajes que aparecieron ... y periódicos europeos lograron que Europa ... de la gravedad de la situación ... sur de España.

Los desembarcos de pateras marroquíes en las costas de Almería ... habitualmente sin victimas. Además, un 50% de estos inmigrantes ilegales ... antes de la llegada de la Guardia Civil. El Gobierno Civil de Almería admite que cientos de inmigrantes logran llegar y perderse pero insiste en que tres ... fugitivos son detenidos ... limítrofes o en otros puntos de la Península.

Angel González, La costa del azar

II El indefinido (repaso)

Complete las frases empleando el indefinido.

1. Ayer [yo] no (entender) lo que usted me (decir). 2. Ellos (trabajar) hasta muy tarde y no (poder) venir. 3. Mario (levantarse) tarde, (salir) de casa a las nueve y (llegar) tarde a la escuela. El profesor no le (decir) nada. 4. Juan me (decir) que aún no había estado en Madrid. 5. María del Carmen (traer) sus maletas y su bolsa. Las maletas las (poner) en maletero del coche, la bolsa la (colocar) en la baca. Después (ir) a casa de su amiga y (despedirse) de ella. 6. Su abuelo (ser) alcalde en la zona roja durante la guerra. Después (venir) los nacionales y lo (poner) en la cárcel. No (estar) mucho tiempo en la prisión. 7. [Yo] (llegar) a Barcelona a las ocho de la noche. Al día siguiente (alquilar) un coche para ir a Lérida. (Estar) en Lérida tres horas para solucionar unos asuntos. Por la tarde (regresar) a Barcelona y (llegar) a casa muy tarde. (Ser) un día bastante pesado. 8. El descubrimiento del Nuevo Mundo (dar) un gran impulso a la cartografía. 9. [Nosotros] no (hacer) los deberes porque (estar) toda la tarde en casa de unos amigos y (volver) muy tarde a casa. 10. [Tú] (querer) entrar, pero [ellos] no te (dejar). 11. [Yo] le (preguntar), pero el no (saber) responder. 12. [Nosotros] no (poder) solucionar todos los asuntos y nos (quedar) dos días en Madrid.

Análisis y comentario

1. Resuma y estructure el contenido del texto.
2. ¿De qué acusa el autor del editorial a España, Marruecos y a la Comunidad Europea?
3. Explique las causas por las que los magrebíes deciden abandonar sus países y trasladarse a Europa.
4. El Estrecho se convierte en un cementerio.
   ¿Quiénes son los responsables de este hecho?
   ¿Cómo se podría mejorar la situación?
   Justifique sus respuestas.

MOROS EN MADRID

La discriminación racista existe en Madrid, donde se han instalado unos 20.000 marroquíes, la mayoría de ellos indocumentados. En la cafetería de La Madrileña, plaza de Tirso de Molina, número 13, se niegan a servir a los marroquíes, al igual que otros muchos establecimientos de la zona. Moustafa, Mimoun, Ahmed, Abdelah y yo misma que les acompañaba nos sentimos como apestados durante unos minutos. Al entrar se han clavado en nosotros miradas hostiles, rabillos de ojos y también, por fortuna, vimos pupilas indiferentes. «¿Son ustedes marroquíes? Si lo son no puedo servirles». Le damos a entender que podemos pagar, pero menea negativamente la cabeza. «Lo siento, soy un «mandao». Hablen con los dueños que están en la barra». No puedo decir que se hayan puesto chulos. Cuando me acerco a ellos sin darme a conocer me explican la razón de su actitud. Entonces revelo mi identidad y las justificaciones se multiplican porque esta vez entre los marroquíes hay una periodista. «Sírveles lo que quieran.», ordenan en voz alta, pero la vergüenza puede más y los muchachos ya están en pie. «No, no queremos nada; te esperamos afuera, Paloma». Todo son ahora disculpas. «No somos racistas», vuelvo a oír, «pero ya estamos hartos de discusiones, disputas, riñas, navajeos que asustan a la gente, de que la policía entre un día sí y otro no acusándonos de permitir el camelleo y exigiendo la documentación a todos los clientes. Le aseguro que pierdo dinero porque los marroquíes suelen dejarse mucho en los bares». Los moros son una de las minorías más discriminadas. «Negros y gitanos entran sin problemas, y si viene algún marroquí solo, pero en grupos no. Muchos clientes se quejan de su presencia», reconocen los dueños de La Madrileña.

El Comité de Solidaridad con la Causa Arabe viene denunciando el aumento de racismo en España, especialmente contra el colectivo de inmigrantes marroquíes. Bares, cafeterías y pubs de la zona centro impiden la entrada o niegan el servicio a personas con fisonomía árabe. Los nombres de algunos de esos establecimientos denunciados por el Comité (16) figuran en los carteles repartidos por Madrid este mismo verano.

Paloma Larena, YA, 15-11-87

Anotaciones

(1) instalarse: estar viviendo — (2) indocumentado/a: sin papeles, ilegal — (3) negarse a: no querer — (5) apestado/a: [verpestet] — (6) clavar la mirada: [den Blick richten gegen] — hostil: adverso/a, enemigo/a — rabillos (m.p.) de ojo: miradas despreciantes — (8) menear negativamente la cabeza: decir que no — (9) ser un «mandao» (mandado): no tomar decisiones propias, hacer lo que le mandan — (10) ponerse chulo: [aggressiv werden] — (11) revelar su identidad: decir quién es — (13) vergüenza (f.): [Schamgefühl] — (15) disculpa (f.): [Entschuldigung] — estar harto/a de: [etwas satt haben] — (16) riña

(f.): lucha, pelea — navajeo (m.): [Messerstich] — asustar: amedrentar [ängstigen] — (17) acusar: [beschuldigen] — camelleo (m.): tráfico de drogas — (19) dejarse mucho: gastar mucho dinero — (23) denunciar: [anzeigen] — (25) impedir: oponerse a, no permitir — (26) fisonomía (f.): rasgos, aspecto

Cuestionario de estudio

Elaboración y comprensión

A) Cuestiones sobre el texto

1. ¿Cuántos marroquíes viven en la capital de España?
2. En el texto leemos que la mayor parte de los marroquíes que viven en Madrid están «indocumentados».
   Explique detalladamente lo que quiere decir esta palabra.
3. ¿Cómo reaccionaron los clientes de «La Madrileña» cuando entró el grupo de marroquíes?
4. ¿Qué les aclaró un camarero del bar?
5. Explique la expresión «soy un madao».
6. ¿Por qué no se quedaron los marroquíes en el bar?
7. ¿Cómo justificaron los propietarios su conducta?
8. ¿Qué es el Comité de Solidaridad con la Causa Arabe?
9. ¿Qué lamenta esta organización?

B) Léxico y gramática

I Formule los contrarios de las siguientes palabras y expresiones.
1. la mayoría
2. estar indocumentado
3. miradas hostiles
4. ponerse chulo
5. acercarse a alguien
6. permitir el tráfico de drogas
7. dejarse mucho en los bares
8. quejarse de la presencia de magrebíes
9. impedir la entrada y negar el servicio a algunas personas

II Ponga los artículos donde haga falta

Tahar ya pasa de ... cincuenta. Llegó en 1972. Quince años de trabajo y miseria intermitente es todo ... que tiene ahora. «Vine a buscarme ... vida, porque si en Nador yo ganaba ... barra de pan, me dijeron que aquí ganaría dos o tres. He comido ... pan español y ya no quiero volver.» Su mujer y ocho hijos se quedaron en Marruecos. Tahar viste muy pulcro, con ... corbata chillona que le saca de ... anonimato. Llevaba dos años en ... paro, sin levantar ... cabeza, hasta que le ha salido ... contrato como jardinero. Tahar explica que cuando llegó ... primera oleada de marroquíes, a comienzos de ... 70, «... españoles no querían trabajar». ... crisis se ha cebado especialmente sobre sus cabezas. Muchos han sucumbido ante ... dinero fácil que da ... tráfico de ... droga. Tahar vive precisamente en ... de ... zonas de Madrid de más ... camello y ... delincuencia, en ... aledaños de ... Rastro. «Me han propuesto vender ... «chocolate», pero cuando veo a ... «camello» me cruzo de acera. No todos somos así, pero creen que todos somos iguales. A veces no has hecho nada, sólo tener ... puesto callejero. Si intentas escapar cuando ves a ... policía, ... gente piensa que huimos por robar o asesinar», dice Tahar. «Nos pasa como a ... hormigas: si te ha picado ..., la primera reacción es aplastar a todas».

Paloma Larena, Las miserias de los hijos de Alá, YA, 15-11-1987

III Transforme las frases empleando el gerundio.
1. Trabajan muchas horas y no ganan lo necesario para vivir. 2. Algunos magrebíes piensan que si emigran podrán vivir mejor. 3. Buscan trabajo y recorren toda España. 4. Dieciséis africanos perecieron cuando intentaban pasar el Estrecho. 5. Zoilo vive ya en España desde hace catorce años. 6. Como no tienen permiso de residencia, no pueden ser contratados. 7. Si continuamos inactivos, no solucionaremos los problemas. 8. Tienen suficientemente dinero para pagar en los bares y no les dejan entrar. 9. Hay que intentar ayudar a los discriminados y hacer oídos sordos a la creciente xenofobia. 10. Venden ropas y se ganan la vida. 11. Si solamente criticamos, no solucionaremos el problema. 12. Se pasean y hablan de los problemas de sus hijos.

Análisis y comentario

1. Resuma y estructure el contenido del texto.
2. Describa la actitud de los propietarios del bar ante la periodista.
3. Exponga los argumentos con los que el propietario quiere justificar su comportamiento.
4. ¿Piensa usted que un propietario de un bar tiene derecho a prohibir la entrada a determinadas personas?
   Fundamente su respuesta.

HABLA UN MARROQUÍ

Abdelhafid Arrachidi partió de Nador en 1987 «en busca de aires de libertad». Ilegalmente, claro. Ahora cuenta con un permiso de residencia por cinco años gracias a que está casado con una almeriense y es padre de un niño. Arrachidi, de 33 años, es el primer norteafricano que dirige un sindicato español en Andalucía. Miembro de la Ejecutiva Provincial del Campo de CC OO desde hace 30 días, lucha por la integración social y laboral de esos inmigrantes magrebíes que pagan 70.000 pesetas por un hueco en una patera.

Pregunta: ¿Qué siente ante las muertes de sus compatriotas que intentan llegar a esta orilla?

Respuesta: Siento una gran lástima, pero es un problema antiguo. Resulta nuevo para los españoles que se enteran ahora. Antes lo ignoraban porque los que entraban tenían como destino Francia o Alemania. Aunque la patera empezó masivamente en los ochenta, la inmigración ilegal tiene 30 años.

P. ¿De qué huyen los que arriesgan su vida y patrimonio para cruzar el Estrecho?

R. El riesgo y la decisión de embarcarse en ese peligro refleja la situación que vivimos en el país. Hay necesidad de justicia, la mayoría vive en la miseria. Y no hay futuro. En Marruecos todavía no pasamos hambre física pero sí hambre de justicia.

P. ¿Frenarán las restricciones comunitarias a la entrada de norteafricanos este éxodo?

R. La inmigración ilegal no va a parar si no cambian las condiciones que empujan a esta gente a arriesgar sus vidas. Muchos consiguen llegar. Otros se quedan en el Estrecho. Más del 50 % de los deportados lo intentan otra vez. La mayoría procede del norte de Marruecos, la zona más castigada.

P. ¿Cómo operan las redes que preparan estas travesías?

R. La mayoría de estos mercenarios se dedica también al tráfico de drogas y reparten beneficios con los guardacostas marroquíes que vigilan desde Tánger hasta Cabo de Agua, en la frontera argelina. Están casi obligados a aceptar el soborno para que sobreviva su familia, están mal pagados. El sistema marroquí es corrupto. Sólo cuando hay una presión externa o interna se sacrifica a alguno.

P. ¿Cree que hay una doble moral en los países de la CE hacia el régimen de Hassan II?

R. Hay una protección hacia los países dictatoriales, autocráticos. La CE mantiene el régimen marroquí. A Occidente le preocupa que se produzca un cambio radical en países del Tercer Mundo que garantice el bienestar de sus ciudadanos.

P. Quizás Europa tema el avance del integrismo islámico.

R. A Occidente no le preocupa el integrismo en sí, sino el triunfo de un régimen que pueda liberar a estos países de la hegemonía europea. Le preocupa una cuestión económica, no política.

P. Las explosiones xenófobas recorren algunos países europeos. ¿Ha sufrido en España actitudes racistas?

R. Todos los emigrantes sufren el racismo en su piel. Yo he llegado a recibir una agresión de ciudadanos llenos de odio al extranjero en un bar de El Ejido. Decían que sólo veníamos a beber y a salir con mujeres. Cuando le dije que corrigiera su vocabulario, comenzó a pegarme.

P. ¿Qué origina ese odio?

R. Creo que la ignorancia. Creo que las instituciones españolas fomentan el racismo.

P. Cuénteme un caso.

R. Una reunión de los alcaldes de Roquetas y El Ejido y responsables de Interior finalizó con la afirmación de que uno de cada dos delincuentes de la zona era inmigrante. Eso no es otra cosa que fomento del racismo.

P. Pero, es verdad que algunos inmigrantes delinquen.

R. Ningún inmigrante sale de su país pensando en delinquir, lo hace buscando la tolerancia, la convivencia y el ganarse la vida honradamente. Al llegar y sufrir el rechazo social surge cierto rencor hacia la sociedad que lo margina y puede llegar a delinquir.

P. ¿También le empujan sus condiciones laborales? ¿Es racista el empresario agrícola que contrata a inmigrantes?

R. Al empresario sólo le interesa el rendimiento. Ve al inmigrante como mano de obra barata que, además, no protesta. Para él, es ideal.

P. ¿Cómo valora el proceso de regularización?

R. Mi evaluación es negativa. Ha permitido regularizar a una parte de inmigrantes pero hay muchos expedientes sin resolver o denegados. Sólo en Almería se han rechazado 500 solicitudes y 500 están sin resolver.

P. Hace dos años se afilió a CC 00. ¿Piensa que la defensa del inmigrante es más factible desde un sindicato que desde una organización humanitaria?

R. Sólo me puedo identificar con los sindicatos y la minoría que lucha por una sociedad justa en España o Marruecos. «Almería Acoge» parte de una filosofía muy diferente. Enseña a los inmigrantes a la mendicidad.

Teresa Constenla, EL PAIS, 15-6-92

Anotaciones

(1) Nador: ciudad marroquí — (2) contar con: tener, estar en posesión de — (3) almeriense (m.f.): ciudadano de Almería — (5) Ejecutiva (f.): comité ejecutivo — CC OO (f.p.): Comisiones Obreras (sindicato español) — (7) hueco (m.) aquí: lugar, plaza — patera (f.): barca pequeña y rudimentaria que emplean algunos magrebíes que quieren buscar trabajo en Europa para atravesar el Estrecho de Gibraltar — (8) a esta orilla; aquí: a España — (14) patrimonio (m.): bienes, propiedades — (15) embarcarse en; aquí: ponerse en, correr — reflejar: hacer ver [widerspiegeln] — (18) frenar: hacer disminuir — (20) empujar: llevar, inducir [treiben] — (23) castigado/a; aquí: pobre — (24) red (f.): banda, organización — travesía (f.): viaje marítimo [Überfahrt] — (25) mercenario (m.): [Söldner] — (26) guardacostas (m.p.): policías costeros — (27) soborno (m.): [Bestechung] — (29) alguno; aquí: alguno de los policías corruptos — (32) man-

tener: contribuir a que se conserve — (42) El Ejido: población de la provincia de Almería — (44) pegar: [schlagen] — (45) originar: ser la causa de, ser el motivo de — (46) fomentar: favorecer, potenciar — (49) Roquetas: población de la provincia de Almería — (52) delinquir: cometer delitos — (55) surgir: nacer, originarse — rencor (m.): venganza [Groll] — (59) rendimiento (m.): producción — (61) proceso (m.) de regulación: campaña para legalizar la estancia de los inmigrantes en España — (63) expediente (m.): proceso, caso — (65) afiliarse a: inscribirse en, hacerse miembro de, sindicarse en — (68) Almería Acoge: asociación humanitaria que ayuda a los inmigrantes magrebíes — (64) mendicidad; aquí: vivir de las limosnas que les dan los mejor situados

Cuestionario de estudio

Elaboración y comprensión

A) Cuestiones sobre el texto

1. ¿Cuándo dejó Abdelhafid su país?
2. Abdelhafid entró en España ilegalmente. Ahora dispone de un permiso de residencia por cinco años.
   Explique por qué se le ha concedido el permiso.
3. ¿Qué edad tiene Abdelhafid Arrachidi?
4. ¿A qué sindicato se ha asociado?
5. ¿Desde hace cuántos años es miembro de CC OO?
6. En el pasado no se hablaba en España de los accidentes del Estrecho.
   ¿Qué causas menciona Abdelhafid para explicar este mutismo?
7. ¿Qué es lo que lleva a los marroquíes a arriesgar sus vidas?
8. ¿Piensa el sindicalista marroquí que las medidas tomadas por la Comunidad Europea harán descender el número de emigrantes provenientes de Marruecos?
9. ¿Qué afirma el interrogado de las bandas que organizan las travesías del Estrecho?
10. ¿Por qué se puede hablar de una doble moral europea con referencia a su comportamiento frente a la nación marroquí?
11. ¿Piensa Abdelhafid que Europa tiene realmente miedo de un posible integrismo islámico?
12. ¿Ha tenido que afrontar Abdelhafid personalmente agresiones racistas?
13. ¿Qué causas explican el odio de la población española frente a ciertos extranjeros en opinión del emigrante marroquí?
14. ¿Cómo documenta concretamente su afirmación?
15. ¿Por qué se sitúan algunos emigrantes fuera de la ley?
16. ¿Considera Abdelhafid racistas a los empresarios que dan empleo a trabajadores inmigrados?
17. ¿Qué piensa el miembro de CC OO de la organización humanitaria «Almería Ayuda»?

B) Léxico y gramática

I Escriba y traduzca substantivos que corresponden a los siguientes verbos.

partir	parar	garantizar	fomentar
buscar	empujar	avanzar	marginar
dirigir	conseguir	liberar	contratar
sentir	proceder	recorrer	delinquir
intentar	operar	sufrir	tolerar
llegar	preparar	recibir	pensar
resultar	vigilar	venir	ganar
ignorar	aceptar	beber	empujar
entrar	sacrificar	corregir	protestar
huir	creer	salir	valorar
cruzar	proteger	comenzar	evaluar
reflejar	mantener	originar	regularizar
vivir	preocupar	fomentar	exigir
frenar	producir	afirmar	rechazar
resolver	denegar	afiliarse	defender
organizar	identificar	luchar	enseñar

II Lea detenidamente el texto y póngalo en el pasado.
(Imperfecto de subjuntivo)

Los participantes de la reunión acaban de formular una declaración en la que exigen que los trabajadores emigrantes tengan acceso al empleo y al mercado de trabajo en las mismas condiciones que los trabajadores de la Comunidad Europea, que salarialmente sean tratados como los nativos, que se les facilite la enseñanza de las lenguas de los países a los que emigran, que se proteja su identidad cultural, que se haga posible la reintegración familiar, que se creen foros para que todos los extranjeros puedan participar en las discusiones y decisiones de la administración a nivel local, regional y nacional; que se determinen claras y practicables condiciones para que puedan tomar parte en las elecciones locales y que se regulen principios y normas que faciliten la adquisición de la nacionalidad a aquellas personas que así lo deseen. En resumen, la declaración exhorta a que se potencien las medidas que permitan y faciliten la inserción económica, social, cultural y política de los emigrantes sin poner en entredicho su identidad cultural.

Los participantes de la reunión formularon ...

Creatividad

Escriba en unas veinte líneas las ideas de Abdelhafid Arrachidi sobre la emigración de marroquíes a España.

LOS DÍAS DE LA IRA

«La ciudad habla por sí misma. Fraga limpia, cosa de todos». Este eslogan repartido por el Ayuntamiento de Fraga (Huesca) para sensibilizar a los vecinos sobre la necesidad de mantener limpias las calles hubiera pasado desapercibido si dos docenas de fanáticos no la hubieran emprendido a palos contra la nutrida colonia de magrebíes. Los 22 jóvenes implicados en el salvaje apaleamiento a un grupo de inmigrantes mientras dormían en una arboleda quisieron echarlos a todos, pero lo único que consiguieron, además de herir a seis y acabar 13 de ellos en la cárcel, ha sido crispar al vecindario, ahora dividido en dos.

Fraga, con algo más de 11.000 habitantes, es una localidad aragonesa de habla catalana en la parte más oriental de la denominada «Franja de Ponent», a caballo entre Aragón y Cataluña. Su influencia catalana es tan fuerte que los vínculos de sus habitantes con Lérida son más estrechos que con Huesca. La principal fuente de riqueza de Fraga es la agricultura, lo que supone que cada año acudan puntualmente allí centenares de temporeros para la recolección de la fruta.

La masiva llegada de inmigrantes norteafricanos en las últimas campañas, sobre todo argelinos ilegales, es lo que ha motivado el brote racista del pasado fin de semana. La Policía Local llegó a contabilizar unos 700 inmigrantes, una cifra demasiado elevada para la escasa oferta de trabajo en la zona. Los empresarios agrícolas, que no esconden su avidez al contratar a estos trabajadores como mano de obra barata, se olvidan de facilitarles alojamientos dignos. Ello crea una situación de marginación y de rechazo entre la población, que inmediatamente asocia su presencia con la inseguridad ciudadana.

El enfrentamiento entre vecinos y magrebíes no fue algo espontáneo. La crispación se palpaba en el ambiente desde hacía semanas, pero nadie supo cómo impedir un incidente anunciado con tanta antelación. Cuando los vecinos empezaron a decir «son demasiados»; ya era tarde. Un grupo de jóvenes conocidos por sus ideas ultraderechistas, quisieron convertirse de la noche a la mañana en ciudadanos modélicos y, sin reparar en los métodos, decidieron malgastar sus bríos juveniles en la agresión. «Vamos a escarmentar a los moros», fue la consigna que se pasaron entre ellos esa noche de sábado antes de ir a su encuentro.

La sociedad civil de Fraga está aún convulsionada por este estallido de violencia, pero lo que más ha dolido a quienes odian la xenofobia ha sido el silencio de muchos y el apoyo expresado por un amplio sector de la población a los agresores. «Han hecho más ellos en cinco minutos que el gobernador civil en muchos meses», masculló ante las cámaras de televisión una de las 500 personas que se manifestaron la noche del miércoles para pedir la libertad de los 13 jóvenes encarcelados por la agresión.

A la misma hora, el Comité por la Paz de Fraga, integrado por diversos colectivos locales, se reunía para tratar de reconducir la situación y pedir el restablecimiento de la gobernabilidad de la ciudad. El próximo domingo se celebrará una concentración en la plaza de España de Fraga bajo el lema «Nunca más; derechos humanos, reconciliación y reconstrucción municipal».

La brutalidad de la acción antimagrebí ha dividido a los fragatinos, que desde el pasado lunes están sin gobierno municipal tras dimitir los 10 concejales socialistas. El alcalde, Francisco Beltrán, quien ya había recibido amenazas de muerte por intentar buscar una solución pacífica al conflicto, no pudo reprimir las lágrimas al anunciar su dimisión. (...)

Son las 2.35 del lunes. Han pasado dos días desde la agresión. Un grupo de vecinos mira la televisión en el bar de la estación de autobuses, mientras decenas de inmigrantes esperan la salida del autocar. En la pantalla, el magrebí herido más grave, Lounes Cherid, explica desde una habitación del hospital Arnau de Vilanova, de Lérida, cómo fue apaleado. Ante el espeluznante relato, algunos clientes dejan sus cervezas sobre la barra y gritan: «Más fuerte, más fuerte te tenían que haber dado».

Por fortuna, no todos piensan igual en Fraga. Hay un buen número de fragatinos que, como el alcalde, se sienten avergonzados por lo ocurrido y desaprueban la acción del grupo agresor, aunque no se atreven a manifestarse abiertamente contra el brote racista. «Aquí nos conocemos todos y los familiares de esos gamberros no son de fiar», aseguran.

Mari Carmen Maya, de 40 años, no tiene pelos en la lengua y opina que los agresores se comportaron como unos cobardes: «A ellos les tendrían que hacer lo mismo. A mí casi me pegan en la tienda por decir que en Fraga hay mucho racismo».

La mayoría de los vecinos de Fraga coinciden en varios puntos. Primero, que había demasiados magrebíes viviendo en condiciones de hacinamiento en los vestuarios del viejo campo de fútbol. Segundo, que la violencia se veía venir. Y tercero, que lo ocurrido se pudo evitar. Muchos consideran que la actuación del alcalde fue correcta y que los agresores no representan al conjunto de la población.

El propietario del bar Acuario, principal centro de reunión de los magrebíes, explica que la presencia de éstos no le ha causado ningún problema y su principal queja se refiere a la higiene. «Lo que les hacen a esta gente no ocurría ni en tiempos de los esclavos», reprocha. Otros prefieren callar porque, arguyen, «de moros ya estamos hartos».

Lluís Visa, EL PAIS, 3-7-1992

Anotaciones

(1) limpio/a: sin suciedad [sauber] — repartido/a: propagado/a, distribuido/a — (3) pasar desapercibido/a: no ser tenido en cuenta — (4) emprenderla a palos contra: comenzar a apalear a [prügeln] — nutrido/a: numeroso/a — (5) apaleamiento (m.): substantivo de apalear — (6) arboleda (f.): zona con muchos árboles — (7) herir: [verletzen] — crispar: irritar enormemente — (8) dividido en dos; aquí: dividido en dos grupos — (9) de habla catalana: en donde se habla catalán — (10) a caballo entre ... y ...: situado/a en el territorio de ... y de ... — (11) vínculos (m.p.): relaciones, lazos — (13) acudir: ir, trasladarse — (15) campaña (f.): temporada de la recolección de la fruta — (16) brote (m.): [Ausbruch] — (19) esconder: ocultar — avidez (f.): enorme interés — (20) alojamiento (m.): vivienda [Unterkunft] — (21) rechazo (m.): [Ablehnung] —

(23) crispación (f.): substantivo de crispar, gran tensión — (24) palparse: sentirse, notarse claramente — impedir: evitar — (25) antelación (f.): anterioridad — (27) modélico/a: ejemplar, que se debe imitar — (28) reparar en; aquí: tener en cuenta, pensar en, reflexionar sobre — malgastar: desperdiciar [verschwenden] — brío (m.): energía, fuerza — (24) escarmentar: [abschrecken] — consigna (f.): lema [Parole] — pasarse entre ellos: darse unos a otros — (31) convulsionado/a: conmovido/a [erschüttert] — estallido (m.): explosión — (32) doler: causar dolor, hacer sufrir — odiar: [hassen] — (34) mascullar: susurrar [murmeln] — (38) reconducir: volver a poner en orden, restablecer — (39) re-gobernabilidad (f.): [Regierbarkeit] — (43) tras: después de — concejal (m.): [Gemeinderat] — (45) reprimir: contener, evitar — (49) pantalla (f.): pantalla del televisor — (51) espeluznante: que pone los pelos de punta [haarsträubend] — (54) avergonzado/a: [beschämt] — (56) gamberro (m.): [Halbwüchsiger] — no son de fiar: [man kann ihnen nicht trauen] — (58) no tener pelos en la lengua: no tener miedo de hablar [nicht auf den Mund gefallen sein] — (62) hacinamiento (m.): aglomeramiento [Gedränge] — vestuario (m.): [Umkleideraum] — (67) queja (f.): [Klage]

Cuestionario de estudio

Elaboración y compresión

A) Preguntas sobre el texto

1. ¿Quién apaleó a los Magrebíes?
2. ¿Dónde se encontraban los magrebíes que fueron apaleados?
3. ¿Cuántos jóvenes fueron detenidos?
4. ¿Dónde está Fraga?
5. ¿Qué lengua hablan los fragatinos?
6. ¿Cuándo se trasladan centenares de temporeros a Fraga?
7. ¿Qué fue lo que originó el atentado racista?
8. ¿Por qué se sentía la población de Fraga insegura?
9. ¿Qué querían obtener los jóvenes agresores con su acción?
10. ¿Qué es lo que más hizo sufrir a los ciudadanos fragatinos que desaprueban el racismo y la xenofobia?
11. ¿Con qué fines se manifestaron unas quinientas personas en la noche de aquel miércoles?
12. ¿Cómo reaccionaron el alcalde y los concejales socialistas del ayuntamiento de Fraga?
13. ¿Quién es Lounes Cherid?
14. ¿Se puede decir que toda la población de Fraga es racista?
15. ¿Qué pensaban la mayoría de los fragatinos sobre la problemática de los inmigrantes en su ciudad?
16. ¿De qué se quejó el propietario del bar Acuario?

B) Léxico y gramática

I Formule de otra forma las expresiones siguientes.

1. Emprenderla a palos contra los inmigrantes.
2. Fraga es una localidad aragonesa de habla catalana.
3. La crispación se palpaba desde hacía semanas en el ambiente.
4. Los jóvenes quisieron convertirse de la noche a la mañana en ciudadanos modélicos.
5. El alcalde de Fraga no pudo reprimir las lágrimas.
6. Los familiares de esos gamberros no son de fiar.
7. Una joven que no tenía pelos en la lengua.
8. La violencia se veía venir.
9. Su principal queja se refiere a la higiene.

II Discurso indirecto

1. «La presencia de extranjeros indocumentados en Fraga se debe fundamentalmente a que por parte de empresarios y agricultores se les facilita trabajo, contraviniendo lo dispuesto en la normativa vigente, siendo por tanto la demanda de mano de obra preferentemente ilegal».
   El Gobernador de Huesca declaró que la presencia ...

2. «Ante los lamentables hechos de Fraga, que no derivan de un problema de seguridad ciudadana, sino que son una neta y concreta manifestación de xenofobia, el Gobierno civil que yo presido denuncia y condena sin paliativos tales conductas, al propio tiempo que hace una encarecida llamada a la serenidad y a la calma para que, por impulsos de crispación y de irracionalidad, no se produzcan reacciones de alcance y consecuencias imprevisibles».
   También manifestó que ante ...

3. «Defenderemos la dignidad del ser humano basada en la Carta de los Derechos Humanos, su derecho a la vida y a la libre práctica de las creencias políticas y religiosas y a un modo de vida digno por medio del trabajo. Nos solidarizamos con todas las personas y grupos étnicos que se ven obligados a abandonar su país y buscar refugio en otros y rechazamos todos los hechos violentos acaecidos recientemente en nuestra ciudad contra un grupo de trabajadores extranjeros».
   La Peña Fragatina, una de las asociaciones más importantes de la ciudad, hizo público un comunicado en el que se afirmaba que ...

III Traducción

¡Cuidado, Fraga, cuidado!

Asisto con preocupación y temor a los acontecimientos de violencia racial y xenófoba que han tenido lugar en el municipio de Fraga (Huesca) mientras unos indefensos magrebíes dormitaban en una arboleda de la ciudad. He visto las imágenes por televisión, y he oído las manifestaciones del alcalde ante unos hechos incalificables, cobardes y propios de los comportamientos más miserables del Ku-Klux-Klan.

No quiero entrar en la valoración de la actitud de los agresores que se descalifica por sí sola. Baste con recordar las escenas espeluznantes que hemos visto en televisión y en el cine, escenas en las que grupos de judíos, de negros y de árabes han sido maltratados, martirizados por energúmenos racistas, llenos de odio y sedientos de sangre, que, por lo general, se escudan en la oscuridad de la noche, de las máscaras o del silencio cómplice de quienes conociéndoles no les acusan por cobardía. Que no se engañen a sí mismos con argumentos demagógicos de lucha contra la delincuencia y en pro de la seguridad ciudadana. Para combatir a los criminales están la ley y sus representantes legítimos. El Estado de Derecho no admite interpretaciones a medias. O se respeta en su integridad o no queda más salida que la dictadura, la mafia, o la selva.

¡Cuidado, Fraga, cuidado! El mes pasado un hombre, en París, salió a la calle armado de un fusil de caza gritando: «voy a matar a todos los árabes». Medio minuto antes había asesinado de dos disparos a uno de sus vecinos, un marroquí de catorce años, que haciendo un paréntesis de su jornada escolar, regresaba a almorzar a casa.

Fraga debe reaccionar. Sus ciudadanos deben salir a la calle pacíficamente, en silencio – que a veces es el mejor gesto contra la intolerancia – para que nadie dude en España y en Europa que su gente siempre fue un pueblo noble, generoso, encrucijada de culturas y de pueblos, que siempre rechazó la violencia y que está inequívocamente junto a la legalidad y solidaridad con los más pobres y desheredados.

Ramírez Heredia, ABC, 5-7-1992

(Texto abreviado y ligeramente adaptado)

Análisis y comentario

1. Resuma y estructure el contenido de la primera parte del texto, que termina en línea 46.
2. ¿Qué nos dice el texto de la localidad de Fraga?
3. La agresión contra los magrebíes ha dividido a Fraga en dos grupos opuestos. Describa a cada uno de estos grupos.
4. Un fragatino afirmó: «Han hecho más ellos en cinco minutos que el gobernador civil en muchos meses».
   Explique lo que quería expresar con esta frase.
5. La agresión de Fraga se puede repetir.
   ¿Qué se podría hacer para evitar en el futuro estos enfrentamientos?

EL REPLIEGUE DE LOS «MOHAMEDS»

Al mercado semanal de Vic, que tiene lugar en la Plaza Mayor de esa localidad de la provincia de Barcelona, no acudieron ayer unos clientes que hasta ahora venían casi todas las semanas: los mohameds. También fueron pocos los trabajadores marroquíes que acudieron ayer al local que utilizan como mezquita, en la calle de Sant Pere de Vic. En los supermercados de la zona también se percibían las consecuencias del miedo del colectivo magrebí a reunirse en los lugares que hasta hace pocos días frecuentaban con tranquilidad. Desde la redada policial que tuvo lugar el pasado jueves y que acabó con la detención y expulsión de decenas de ellos, los inmigrantes marroquíes han cambiado sus hábitos de vida. Temen que nuevas actuaciones de la policía pongan fin a su sueño: trabajar y enviar el dinero que ahorran a los familiares que dejaron en su país de origen.

Las acciones policiales de la pasada semana han provocado un debate entre los habitantes de esta comarca, donde en los últimos años se ha registrado una importante oferta de puestos de trabajo en los sectores inmobiliario y textil, fundamentalmente, que ha atraído a muchos «mohameds», apelativo que usan los empresarios para referirse a los trabajadores procedentes de Marruecos que no tienen su situación regularizada. El viejo tópico de la mano de obra barata se ha cumplido también en la zona de Vic y algunos industriales se han aprovechado del fenómeno.

La discriminación económica, social y laboral ha sido el tributo que estos trabajadores, al igual que otros colectivos de inmigrantes, han tenido que pagar para poder trabajar en un marco no siempre legal. La pregunta sobre si es justo y humano detener y expulsar a estas personas como si se tratara de delincuentes ha obtenido diferentes respuestas en la sociedad civil de esta comarca. El peligro siempre latente de brotes de xenofobia ha pasado esta vez de largo y excepto en contados casos no se ha producido un sentimiento generalizado de rechazo hacia el colectivo magrebí.

Entre quienes defienden con mayor ahínco la continuidad de esta mano de obra se encuentran los industriales textiles. El jefe de personal de la fábrica Puignaró de Roda del Ter, Salvador Nadal, dijo a este diario: si no fuera por los «mohameds» tendríamos que interrumpir la actividad en nuestras fábricas». Nadal rechazó toda acusación que contenga matices de explotación o discriminación en su fábrica, en la que de los 800 trabajadores de la plantilla, 60 son marroquíes: «Aquí los tratamos como si fueran unos trabajadores más, realizan los mismos trabajos y no causan problemas». Y justifica la contratación de magrebíes argumentando que «en la comarca no encontramos mano de obra. Vamos a las oficinas de empleo y los parados no quieren venir».

Esta opinión no es compartida por algunas personas. Ramón Vilá, encargado en una fábrica de Roda del Ter, no es partidario de la presencia de trabajadores marroquíes. «Quitan los puestos de trabajo a los jóvenes de aquí», «Lo que ocurre», añade, «es que nosotros no estamos dispuestos a trabajar por el salario que les pagan a ellos, que no son elevados porque se aprovechan de su situación».

Algunas organizaciones humanitarias de la comarca se han solidarizado con la situación de los trabajadores marroquíes y han iniciado una campaña de protesta.

Lluís Visa, EL PAIS, 3-6-90

Anotaciones

(4) mezquita (f.): edificio en el que los musulmanes practican sus ceremonias religiosas — (5) percibir: constatar — (7) redada (f.): detención masiva — (9) hábitos (m.p.) de vida: manera de vivir — (13) comarca (f.): región — (14) oferta (f.): [Angebot] — (15) apelativo (m.): nombre — referirse a; aquí: llamar, designar [bezeichnen] — (17) tópico (m.); aquí: [Schlagwort] — cumplirse: hacerse realidad — (19) tributo (m.): precio — (20) al igual que: de la misma manera que, igual que — (23) brotes (m.p.) de: comienzos [Keim] — (24) pasar de largo; aquí: no tener lugar — contados: muy pocos — (26) ahínco (m.): empeño [Beharrlichkeit] — (30) matices (m.p) de: indicios de, alusiones a — (34) oficina (f.) de empleo: [Arbeitsvermittlungsstelle]

Cuestionario de estudio

Elaboración y comprensión

A) Preguntas sobre el texto

1. ¿Por qué van ahora menos árabes al mercado semanal, a la mezquita y a los supermercados de Vic?
2. ¿Qué sucedió el pasado jueves en Vic?
3. ¿Para qué van/vienen los árabes a España?
4. ¿En qué sectores trabajan los marroquíes?
5. ¿De qué se acusa a los industriales de la zona de Vic?
6. ¿Qué responden algunos industriales a esta acusación?
7. ¿Comparte Ramón Vilá la opinión de los empresarios?
8. ¿Cómo han reaccionado algunas asociaciones humanitarias?

B) Léxico y gramática

I Escriba los contrarios que corresponden a las siguientes expresiones.

1. frecuentar con tranquilidad
2. cambiar sus hábitos de vida
3. ser justo y humano
4. un peligro latente
5. en contados casos
6. un sentimiento de rechazo
7. interrumpir una actividad
8. solidarizarse con la situación de los trabajadores extranjeros
9. compartir la opinión de alguien
10. ahorrar dinero
11. pasar de largo
12. detenciones individuales

II Complete las frases.

1. En los últimos días, el Ministerio del Interior (realizar) varias redadas en los lugares de asentamiento de las comunidades magrebíes para (detener) y (expulsar) del país a todos los extranjeros que no (tener) legalizada su situación y (residir) en España sin documentos que (acreditar) su identidad.

2. Los dirigentes europeos (temer) que, en la fecha prevista para que los europeos (poder) (circular) con absoluta libertad por el territorio europeo, (producirse) una invasión de inmigrantes africanos y (comenzar) a (extenderse) el problema por todas las ciudades. Para (impedir) esta posibilidad (pretenderse) (reforzar) las fronteras exteriores.

3. Los extranjeros, especialmente emigrantes y refugiados que hasta ahora (suscitar) una mezcla de solidaridad y xenofobia en la sociedad española, (ver) como su situación (irse) (empeorar) en los últimos tiempos. La nuevas restricciones económicas y la progresiva implantación de la frontera única europea (convertir) a todo emigrante que no (estar) suficientemente documentado en un candidato a la expulsión, práctica que, a través del internamiento temporal en centros de extranjeros, (convertirse) en una rutina diaria.

Análisis y comentario

1. Resuma con sus propias palabras el contenido del texto.
2. El autor menciona diversos tipos de discriminación que tienen que soportar los inmigrantes.
   ¿En qué puede consistir concretamente esta discriminación?
3. Algunos sectores de la población están muy interesados en que los marroquíes no abandonen la región de Vic.
   Enumere y comente las causas que el autor menciona para explicar este hecho.
4. ¿Por qué no aceptan muchos españoles la presencia de los marroquíes en España?
5. La existencia de «ilegales» en los países europeos constituye un problema de difícil solución.
   ¿Cómo podría, en su opinión, resolverse esta cuestión?
   Justifique su respuesta.

ALGUIEN TIENE QUE QUEDARSE ALLÁ ABAJO

Alí Elmorabet, un marroquí que es el actual presidente de la asociación «SOS Racismo de Cataluña», se queja no sólo de la forma en que se aplica en España la Ley de Extranjería, sino de la propia ley, que califica como «la más dura de Europa».

En nuestro país, el inmigrante extranjero tiene también pocas razones para estar contento: las redadas y expulsiones de que son objeto estos trabajadores constituyen una doble desgracia: los que se van han terminado definitivamente su sueño y los que se quedan pueden exigir cada vez menos de sus explotadores.

Los africanos, magrebíes o de más al Sur, viven en condiciones infrahumanas, cobran una miseria y ni siquiera se atreven a reclamar los pocos derechos que les quedan. «Y luego está el racismo cotidiano», dice Elmorabet. «La forma en que se siente el rechazo de nuestro colectivo, incluso en personas progresistas. La forma como te miran, sintiéndose profundamente superiores».

España está llena de pueblos en los que, el domingo por la tarde, los trabajadores extranjeros se pasean como almas perdidas. Tras las oleadas de repliegues y de expulsiones, muchos de ellos se han escondido: «Es imposible organizarles», dice Alí, para quien la mejor ley que se ha dictado respecto a los inmigrantes – aunque dista mucho de ser perfecta – es la que ha sido promulgada en Italia, que intenta integrar a los extranjeros que ya están en el país y al mismo tiempo poner freno a nuevas oleadas de inmigrantes».

«Esto último me parece bien», dice Elmorabet, «porque alguien tiene que quedarse allá abajo para luchar por arreglar las cosas».

Maruja Torres, ESTILO, 22-7-90

Anotaciones

(2) quejarse de: lamentar, no estar de acuerdo con — aplicar: poner en práctica [anwenden] — (3) calificar; aquí: considerar — (5) redada (f.): detención masiva [Razzia] — (6) desgracia (f.): mal [Unglück] — (9) cobrar: ganar — (10) cotidiano/a: diario, de todos los días — (11) personas progresistas: personas que piensan que son demócratas y liberales — (14) almas perdidas: personas totalmente marginadas [verlorene Seelen] — tras: después de — repliegue (m.): redada — (15) esconderse: ocultarse [sich verstecken] — (17) distar mucho de: estar muy lejos de [weit entfernt davon sein] — promulgar: [verkünden] — (18) poner freno a: [bremsen, einer Sache Einhalt gebieten]

Cuestionario de estudio

1. ¿Quién es Alí Elmorabet?
2. ¿Qué piensa el marroquí de la Ley de Extranjería?
3. ¿Por qué están preocupados los emigrantes que viven en España?
4. ¿Qué entiende Alí Elmorabet por «racismo cotidiano»?
5. Comente la afirmación de Alí Elmorabet: «... alguien tiene que quedarse allá abajo para arreglar las cosas».
6. Resuma con sus propias palabras el contenido del texto.

Dictado preparado

Buscarse la vida

Al menos dos seres humanos murieron asfixiados durante la travesía de un pequeño pesquero que trasladaba, hacinados en su bodega, a unos 250 inmigrantes ilegales procedentes de Marruecos. Eso ocurrió hace 10 días en la costa de Almería. Aunque no haya podido comprobarse la veracidad de una primera versión que elevaba a 20 el número de muertos, la cuestión sigue siendo ésta: si millares de personas están dispuestas a exponerse a un destino tan trágico es porque los motivos económicos, sociales y demográficos que los impulsan son tan poderosos que ninguna legislación, resistencia política o barrera cultural son capaces de neutralizarlos.

Ello no significa que haya que suprimir todo intento de regulación. La total supresión de barreras hace imposible cualquier política de integración, mientras que la experiencia indica una relación directa entre la inmigración incontrolada, por una parte, y el enquistamiento de guetos de marginación y delincuencia, por otra.

Naturalmente, entre las condiciones a tener en cuenta figuran las del mercado de trabajo del país receptor. Pero el argumento de la rampante xenofobia según el cual los inmigrantes – y concretamente los de piel oscura – vienen a disputar el escaso trabajo disponible a los nacionales es poco convincente. Al menos en los principales países del continente, los parados autóctonos no compiten por los mismos puestos de trabajo que los inmigrantes. De manera que, aun con paro, sigue habiendo necesidad de inmigración.

Con todo, es evidente que no es igual la situación de aquellos países cuyos recursos están en gran medida sin explotar – como acaba de recordar el presidente argentino, Menem, a propósito del suyo – que otros agobiados por la combinación de la saturación demográfica y el declive industrial. El problema desborda, por ello, la dimensión de cada país en concreto y demanda una cierta concertación internacional. Y concierne también a los países de origen de esos inmigrantes, explotados por mafias que comercian con su angustia vendiéndoles papeles falsificados y pasajes para la muerte, como los que adquirieron esas 20 personas lanzadas por la borda hace unos días en nuestras costas.

Editorial, EL PAIS, 16-2-1992

IV

HISPANOHABLANTES EN LA «MADRE PATRIA»

LOS SUDAMERICANOS EN ESPAÑA

Hubo un tiempo remoto en el que España llevó a América la civilización occidental, y otro más cercano en el que, una vez independizados los países latinos de América, otros españoles se llegaron hasta allá para hacer fortuna, lo que unos consiguieron y otros no. Menos remotos son los tiempos en los que los españoles que perdieron la guerra fueron acogidos por los sudmericanos y les facilitaron, cuanto pudieron, la vida. Tres pasos sucesivos que hacen a España deudora de gratitud y a los sudamericanos deudores de afecto.

Pero resulta que la gratitud española se ve poco y mal con respecto a los sudamericanos que en los últimos diez o quince años están intentando venir o quedarse a vivir entre nosotros. Los primeros fueron bien acogidos, sobre todo los que tuvieron que huir de las dictaduras chilena, argentina y uruguaya, pero después todo han sido – y siguen siendo – trabas y complicaciones que a veces sonrojan a los que, por una o por otra razón, tenemos que vivir casos cercanos.

Se entiende perfectamente que el Gobierno español ayude a los países sudamericanos en la resolución de sus problemas de deuda externa, de la misma manera que no se entiende en absoluto cómo se han legislado normas que ponen al borde de la cárcel o de la expulsión a tantos sudamericanos que hace cinco, ocho o diez años están viviendo en España. Por las propias dificultades normativas, viven la mayoría en la semiclandestinidad, teniendo que salir a Portugal para renovar su visado de turista o ni siquiera eso. Son ciudadanos, en buena medida, integrados en la cultura española, partícipes activos en muchos casos de ella, y que tienen decidido quedarse en España si pueden y si les dejan.

Pero ni pueden ni les dejan. Las normas del Ministerio del Interior para con ellos son de una rigidez innecesaria, y les obliga a debatirse en un circulo vicioso en el que para tener el permiso de residencia precisan de un permiso de trabajo y para tener el de trabajo han de exhibir un permiso de residencia.

Puede que la culpa sea de las normas comunitarias, o puede que no se quiera abordar un problema que afecta, tan sólo, a unos miles de ciudadanos que nada añaden a los problemas que pueda tener o dejar de tener nuestro país. Es un caso de voluntad política y, sobre todo, un asunto moralmente exigible por las razones de gratitud a que ya he hecho referencia.

A.G., DIARIO DEL ALTO ARAGON, 29-7-89

Anotaciones

(1) remoto/a: lejano/a — (2) una vez independizados: después de haber obtenido la independencia — (3) se llegaron hasta allá: fueron a América — hacer fortuna: [sein Glück machen] — (5) guerra (f.); aquí: la Guerra Civil Española (1936-1939) — acoger: [aufnehmen] — (5) hacer deudor/a: [schuldig werden lassen] — gratitud (f.): agradeci-

miento, reconocimiento — (7) afecto (m.): amor, cariño — (8) resulta que: [es ist so, daß] — (12) traba (f.); aquí: inconveniente, dificultad — sonrojar: avergonzar [beschämen] — (13) vivir casos cercanos: conocer (tener que ver con) casos concretos de sudamericanos que tienen dificultades en España — (15) resolución (f.); aquí: solución — (16) al borde de: casi en — (18) normativo/a; aquí: legislativo/a — (20) en buena medida: bastante, suficientemente — (21) partícipe: que toma parte — (24) rigidez (f.): dureza, inflexibilidad — debatirse: luchar — círculo vicioso: situación de la que no se puede salir [Teufelskreis] — (25) precisar de: necesitar — (26) han de exhibir: tienen que mostrar — (28) abordar: afrontar

Cuestionario de estudio

Elaboración y comprensión

A) Cuestiones sobre el texto

1. El autor enumera tres «encuentros» de los españoles con los sudamericanos. Explique de qué «encuentros» se trata.
2. ¿Qué sudamericanos fueron bien recibidos y tratados en España?
3. ¿Se puede decir lo mismo de los sudamericanos que vienen en los últimos tiempos a España?
4. ¿Por qué viven muchos sudamericanos en la «semiclandestinidad»?
5. ¿Por qué se puede calificar su situación de círculo vicioso?
6. ¿Cuáles son las causas que motivan esta lamentable situación?
7. ¿Por qué no sería para España ningún problema el legalizar la situación de los sudamericanos que viven en territorio español?

B) Léxico y gramática

I Formule de otra forma las expresiones siguientes.

1. Una vez independizados los países latinoamericanos, muchos españoles se trasladaron a América con la esperanza de hacer fortuna.
2. Menos remotos son los tiempos en los que los sudamericanos acogieron a los exiliados de la guerra civil española.
3. Estos hechos hacen a España deudora de gratitud.
4. La dificultades que encuentran actualmente los sudamericanos en España hacen sonrojar a los que tienen que vivir casos cercanos.
5. La legislación española obliga a algunos sudamericanos residentes en España a batirse en un círculo vicioso.
6. Son ciudadanos en buena manera integrados en la cultura española, partícipes activos en muchos casos de ella.
7. Es un asunto moralmente exigible.

II Ponga las preposiciones donde haga falta.

Como argentino llegado hace 10 años ... España, nuestra madre patria, quiero denunciar la flagrante violación ... los más elementales derechos humanos que sufrimos los extranjeros aquí, ... evidente contradicción ... las propias leyes españolas, comenzando ... la Constitución y siguiendo ... la Declaración Universal de los Derechos Humanos o alguno ... los muchos tratados internacionales ... este tema firmados por España.

Es notorio también que esta cuestión, no tenga más difusión ... los medios ... comunicación, y que aun esas escasas noticias vengan sutilmente acompañadas ... fotos ... procedimientos policiales ... supuestos delincuentes de razas no autóctonas.

Según organizaciones humanitarias, somos cerca ... 300.000 los extranjeros que vivimos ... España irregular o incompletamente documentados, condenados ... subsistir en la marginalidad, ... la economía sumergida, ... la inseguridad constante, ... la ayuda y apoyos ... entidades como Cáritas o Cruz Roja. Aunque escuchemos muchas declaraciones ... solidaridad ... el Tercer Mundo, y concretamente ... estrechar lazos ... las ex colonias, ... la práctica comprobamos que esto sólo se refiere ... jugosos contratos al más alto nivel, pero que deja ... lado la problemática humana. Se traen 5.000 magrebíes contratados ... la recogida de la naranja, pero no se da esa posibilidad ... trabajo ... los miles ... extranjeros ya arraigados, ... familia, pero ... permiso de trabajo. La represiva y discriminatoria Ley de Extranjería y su kafkiana aplicación han provocado rechazo ... medios humanitarios progresistas ... su evidente contradicción ... normas universalmente reconocidas ... derechos fundamentales inherentes ... todo ser humano, documentado o no. Esta situación ... los extranjeros nos convierte ... fáciles presas ... gestores y abogados, ... funcionarios como el de Barcelona que vendía permisos falsos y ... empleadores de mano de obra barata y desechable.

Mientras los legisladores no piensen que los legislados son seres humanos, ... derechos propios, el apartheid continúa.

Samuel Eduardo Stern, EL PAIS, 22-6-90

Análisis y comentario

1. Resuma y estructure el contenido del texto.
2. ¿De qué acusa el autor al Gobierno español?
3. Según el autor, la legalización de los sudamericanos que viven en España es «un asunto moralmente exigible».
   ¿Con qué argumentos intenta probar su tesis?
4. ¿Comparte usted la opinión del autor?
   Justifique su respuesta.

MI MADRE PATRIA

Señores lectores españoles: perdonen que me entrometa en la lectura de su periódico, máxime aún siendo como soy extranjero.

Soy cubano..., soy negro..., soy joven... . En la escuela me enseñaron que en Europa vivía mi «madre», bueno, o como ellos la llamaban, «madre patria». Nos hacían soñar pensando que tras el Atlántico podríamos tener un familiar lejano y que nosotros podíamos ser descendientes de algún emigrante español; claro está que yo siempre pensé que como no fuera de la Guinea española..., no lo comprendía. En fin, Oxamendi Valdés me llamo, y me dijeron que de la tierra de la «piel de toro» proceden estos apellidos. Por esto y alguna cosa más, arraigó en mi interior la ilusión de conocer España. Así fue; aprovechando una gira europea del ballet Tropicana de Cuba, donde trabajaba, pude viajar a Italia y después a España, donde decidí pedir asilo político.

España, haciendo gala de democracia, me acogió y me concedió el asilo político, y hasta la Cruz Roja española me estuvo dando una ayuda de 31.600 pesetas, hasta que caducó a los seis meses. Ahora ya hace 14 meses que estoy viviendo con ustedes, en una dirección fija y bastante arraigado en una familia española.

Señores lectores: desde el primer día estoy buscando trabajo como bailarín, y como soy un buen profesional me han ofrecido bastantes ofertas de empleo, entre las que cabría destacar la que me ofreció el ballet Entre Amigos, de José Luis Moreno, cuyo contrato no pude firmar porque el Inem no quiso aceptarme por no tener «permiso de trabajo», que paradójicamente para conseguirlo hace falta un «contrato de trabajo». Yo me pregunto: ¿Cómo puede ser esta ley tan incongruente? ¿Cómo puedo romper el círculo?

Señores lectores, concluyo diciendo que, en mi modesta opinión, este país no debe alardear de protector de refugiados políticos si no les puede dar la oportunidad de vivir dignamente.

Es por esto por lo que ya no pienso tanto en la madre patria, sino en mi madre carnal, que la dejé sola en Cuba pensando que desde aquí la podría ayudar. Ahora veo que no va a ser posible.

Me despido, no sin antes dar las gracias a este periódico por permitirme hacer uso, por primera vez en mi vida, de la «libertad de expresión» que Fidel Castro jamás me dio en Cuba, pero... no sólo de libertad vive el hombre.

Tirso Oxamendi, EL PAIS, 5-6-1991

Anotaciones

(1) entrometerse: inmiscuirse [sich einmischen] — (2) máxime aún siendo: sobre todo al ser, por ser — (6) ser descendiente: provenir [abstammen] — (7) Guinea española (Guinea Ecuatorial): nación africana en la que el español es lengua oficial — (8) Oxamendi Valdés me llamo: mis apellidos son Oxamendi Valdés — la tierra de la «piel de

toro»: España — (9) arraigar: penetrar profundamente [Wurzeln schlagen] — (12) hacer gala de: mostrar — acoger: hospedar [aufnehmen] — (14) caducar: finalizar, cesar — (15) arraigado/a; aquí: integrado/a — (16) bailarín (m.): miembro de un ballet [Balletttänzer] — (18) caber destacar; aquí: poderse mencionar — (19) Inem (m.): Instituto Nacional de Empleo — (21) incongruente: que carece de lógica — (24) alardear de: presumir de, dárselas de [protzen] — (26) madre (f.) carnal: madre legítima [leibliche Mutter] — (29) hacer uso de: emplear, usar, servirse de

Cuestionario de estudio

Elaboración y comprensión

A) Cuestiones sobre el texto

1. ¿Quién es Tirso Oxamendi?
2. ¿Qué le habían enseñado en la escuela?
3. ¿Por qué y cómo vino a España?
4. ¿Cómo transcurrieron sus primeros tiempos en España?
5. ¿Podría actualmente ejercer su profesión en España?
6. ¿Por qué no le es posible trabajar en el país donde vive?
7. Tirso Oxamendi considera la ley sobre la actividad laboral de los inmigrantes como carente de lógica.
   Explique por qué.
8. ¿Qué dice el bailarín de la Cuba de Fidel Castro?

B) Léxico y gramática

I Escriba los contrarios que corresponden a las siguientes palabras y expresiones.

ser extranjero	incongruente	ilusión
aprovechar	posible	oír
conocer	libertad	por primera vez
acoger	arraigar	conceder
ser residente	un familiar lejano	dignamente
enfermo/a	olvidar	subdesarrollado/a
duro/a	sentirse bien	hace mucho tiempo

II Complete el texto

1. cada vez mayor — de distintas partes — falta — sobre todo — los meses de verano

La alarmante ... de personal de enfermería en España, sobre todo durante ..., ha atraído a nuestro país un número ... de enfermeras procedentes ... del mundo, ... de Iberoamérica.

2. compañeras — con — duro — hospital — mano de obra — porque — puestos — se siente — que tiene — trabaja — Perú — trabajo

Un hospital de Madrid, ... una plantilla de 42 ... de trabajo en enfermería, cuenta ... trece enfermeras extrajeras. La peruana María Guzmán, que ... desde algunos meses en este ..., declaró que había venido a España ... en nuestro país hace falta ..., cosa que no ocurre en ... . Dijo que el ... en los hospitales españoles es ... pero que ... bien porque es aceptada por las ... de trabajo.

3. argentino — casi totalmente — de habla — países — pocas veces — se comprueba — se encuentran — se escuchan — seres — solidaridad — ventas y compras — viviendo

Ricardo Morilla, un ... que lleva ... más de diez años en España, denuncia que aunque en España ... muchas veces declaraciones de ... con el tercer Mundo y se habla no ... de intensificar las relaciones con países ... hispánica, en la práctica ... que esto sólo se refiere a grandes ... de productos y que se olvida ... la problemática humana de los ... subdesarrollados y de los ... humanos de estos países que ... actualmente en España.

III Ponga las frases en el pasado.

1. Rosario termina de beberse el café, entra en una tienda de flores y compra un ramo de claveles para Enrique. Los claveles le cuestan 500 pesetas. 2. El avión llega a las 8 y media. Carmelo baja del avión y va al autobús. El autobús lo lleva a la salida del aeropuerto. En la salida del aeropuerto encuentra a don Eulogio y doña Victoria. 3. Alberto coge la maleta y la pone en el maletero. 4. Pedro me llama por teléfono y me dice que no puede venir. 5. José Antonio y Juanito van a la agencia de viajes y preguntan por el horario de vuelos. 6. María Cristina va a la estación. Llega a la estación a las seis menos veinticinco, compra el billete y entra en el bar de la estación. Su tren sale de Zaragoza a las seis y llega a Sariñena a las ocho. 7. Milagros deja el libro sobre la mesa, pone la radio y se sienta al lado de Gonzalo. 8. Mariano, el cartero, llega al bar de Vicente, abre la puerta y entrega a Anita una carta. Sale del bar y vuelve a su oficina.

Análisis y comentario

1. Explique con sus propias palabras la situación en la que se encuentra el bailarín.
2. ¿De qué acusa Tirso Oxamendi a la nueva democracia española?
3. Comente la última frase del texto «no sólo de libertad vive el hombre».
4. Enumere los principales recursos de los que se sirve al autor del texto y explique su función.

TRATA DE BLANCAS

Tres individuos han sido detenidos en la localidad de Torrelavega (Cantabria), acusados de introducir ilegalmente en España a suramericanas, a las que luego obligaban a prostituirse. A tenor de las investigaciones realizadas por la Policía, los ahora arrestados se comportaban con violencia, hasta el punto de que si alguna de las mujeres se oponía a sus deseos la golpeaban y amenazaban, al tiempo que la retenían contra su voluntad.

Según informaron fuentes policiales, la detención de estas tres personas es resultado de una investigación comenzada hace varios meses en Madrid por funcionarios de la Brigada Provincial de Documentación, y que tuvo sus primeros resultados con la desarticulación, a finales del mes de septiembre, de una organización delictiva que se dedicaba a prostituir a mujeres dominicanas, que eran introducidas de forma ilegal en España.

Estas pesquisas permitieron, además, conocer que los propietarios de dos clubs de Torrelavega utilizaban el mismo procedimiento de captación y explotación. Como es lógico, los agentes encargados del caso continuaron sus gestiones, ahora en colaboración con la Comisaría de la mencionada localidad cántabra, hasta localizar los establecimientos sospechosos. Se trataba del STiffanis I y STiffanis II. Asimismo, se pudo identificar a sus respectivos propietarios: José Luis G. P., alias «Pocholo», de 39 años, y Fernando C. S., conocido como «Nando», de 40 así como a Alfredo L. Z. de 30, empleado y colaborador del primero.

Una vez completada la investigación, se decidió proceder al arresto de los supuestos implicados en el caso y al registro de los locales, operación que comenzó el pasado jueves y culminó al día siguiente.

En los dos locales de alterne, los policías localizaron a seis mujeres de diferentes nacionalidades: cuatro dominicanas, una venezolana y otra originaria de Paraguay. Sólo una de las primeras se encontraba en situación legal en España.

Por las declaraciones de las mujeres, se ha podido conocer cuál era el «modus operandi» de los individuos ahora capturados. «Nando» y «Pocholo» se desplazaban periódicamente a países de Centro y Suramérica, en busca de mano de obra femenina. Una vez allí, ofrecían puestos de trabajo de diferentes tipos y en buenas condiciones económicas e, incluso, adelantaban el dinero suficiente para poder entrar en nuestro país y sacar el billete de avión.

La realidad era que, cuando estas mujeres llegaban al aeropuerto de Barajas, se veían desposeidas del dinero y el pasaje, teniendo que prostituirse para saldar la deuda contraída con los dos responsables de esta red de «trata de blancas». Si alguna se resistía, era objeto de malos tratos y coacciones, además de ser retenida en los establecimientos.

Las tres personas detenidas fueron puestas en la tarde de ayer a disposición del Juzgado de Guardia.

ABC, 24-11-91

Anotaciones

(1) detener: [festnehmen] — localidad (f): población, ciudad (pueblo) — (2) acusado/a: inculpado/a [angeklagt] — (3) a tenor de: según — (4) arrestado/a: encarcelado/a [verhaftet] — hasta el punto de que: de tal manera que — (5) golpear: dar golpes, maltratar [schlagen] — amenazar: [drohen] — (10) delictivo/a: criminal, que comete delitos — (11) dedicarse a: tener como actividad — (13) pesquisa (f.): investigación — (14) procedimiento (m.): método — captación (f.): reclutamiento [Anwerbung] — (15) gestiones (f.p.): trabajo, actividad — (16) mencionado/a: que se ha nombrado anteriormente — (17) sospechoso/a: [verdächtig] — asimismo: igualmente, del mismo modo — (18) respectivo/a: [jeweilig] — (21) una vez completado/a: después de haber terminado — proceder a: [übergehen zu] — (21) supuesto/a: [vermeintlich] — (22) registro (m.): [Durchsuchung] — (23) culminar; aquí: terminar, finalizar — (24) local (m.) de alterne: [Etablissement] — (25) originario/a de: nacido/a en — (27) modus (m.) operandi: táctica, método de trabajo — (28) capturado/a: [festgenommen] — desplazarse: ir, trasladarse — (29) periódicamente: regularmente — en busca de: para buscar — (31) adelantar: pagar por adelantado, anticipadamente — (34) desposeido/a del dinero: sin dinero — saldar: pagar — (35) contraído: que se tiene, que se ha hecho — (36) retener: [festhalten]

Cuestionario de estudio

Elaboración y comprensión

A) Cuestiones sobre el texto

1. ¿De qué se inculpa a los tres detenidos de Torrelavega?
2. ¿Dónde se encuentra Torrelavega?
3. ¿Qué ha constatado la policía en sus investigaciones?
4. La investigación del caso de Torrelavega fue bastante fácil.
   Explique por qué.
5. ¿Qué nos dice el texto de las personas que fueron detenidas?
6. ¿Qué encontró la policía en los locales de alterne?
7. ¿Cómo conseguían los delincuentes obligar a las americanas a que trabajaran en sus establecimientos?

B) Léxico y gramática

I Ponga las frases en forma personal.
Ejemplo: Tres individuos, <u>acusados de introducir ilegalmente a suramericanas en España</u>, han sido detenidos.
Tres individuos, que habían (han) sido acusados de introducir suramericanas en España han sido detenidos.

1. A tenor de las investigaciones <u>realizadas</u> por la policía, <u>los ahora arrestados</u> se comportaban con violencia.

2. La detención de estas personas es resultado de una investigación comenzada hacía varios meses.
3. Los agentes encargados del caso continuaron sus gestiones.
4. Se ha podido identificar a Alberto G. Z., empleado y colaborador de «Pocholo».
5. Una vez completada la investigación, la autoridad competente procedió al arresto de los implicados.
6. La policía localizó a una mujer originaria de Paraguay.
7. El «modus operandi» de los individuos ahora capturados se ha podido conocer gracias a las declaraciones de las mujeres.
8. «Nando» y «Pocholo» se trasladaban a Iberoamérica en busca de mano de obra femenina. Una vez allí, ofrecían a las mujeres puestos de trabajo y adelantaban el dinero suficiente para poder entrar en España.
9. La mujeres tenían que prostituirse para saldar la deuda contraída con los responsables de la red de «trata de blancas».

II Pronombres relativos.

1. Die spanischen Schüler, denen ihr seit zwei Jahren schreibt, lernen nicht Deutsch, was ich nicht verstehen kann. 2. Die Frau, die er heiraten will, soll sehr reich sein. 3. Ich habe nicht verstanden, was Sie gesagt haben. 4. Wir sind in einem Dorf gewesen, dessen Namen ich vergessen habe. 5. Ich stelle euch Herr Nicolás Périz vor, dessen Tochter wir gestern in der Stadt getroffen haben. 6. In dem Haus, vor dessen Tür der rote Seat steht, wohnt der Bruder meines Vaters. 7. Wer sind die Damen, mit denen du eben gesprochen hast? 8. Das einzige, was er braucht, ist Ruhe. 9. Er hat nichts gesagt, was mich hätte interessieren können. 10. In diesem Artikel sind viele Wörter, deren Bedeutung ich nicht kenne. 11. Ich suche eine Sekretärin, die Spanisch und Portugiesisch kann. 12. Er ist nicht zufrieden mit dem, was er hat. 13. Was in unserer Gesellschaft zählt, ist allein die Macht. 14. Kannst du mir ein Buch empfehlen, das nicht zu schwierig ist? 15. Hier kommt der Mann, über dessen Frau wir gesprochen haben.

Creatividad

Cuente en unas diez líneas lo ocurrido en Torrelavega.

HABLAR INDIO CON LOS FILIPINOS

Estaba muerto, en su ataúd de negro de Mississippi, de cantor de jazz, ese dictador filipino que se llamaba Ferdinand Marcos, con esa cara de Juanito Valderrama que Dios le dio. Estaba allí a su lado la señora Imelda, una figura que la miremos por donde la miremos en la Historia de España, antes o ahora, nos resulta demasiado familiar como para que no nos indigne. Salía un cura español misionero en Filipinas diciendo que Marcos había sido – lo decía él, sus razones tendrá – el mayor ladrón que ha dado la Historia, «que ha dado la Historia Sagrada», podría precisarse, como dicen los flamenquitos, viniendo de quien venía el aserto.

No pensé en Filipinas ni en la esperanza democrática vestida de amarillo que es Cory Aquino. Pensé en nuestros filipinos de España, esos hombres sin edad, todos como Juanito Valderrama o como Ferdinand Marcos, que a la segunda vez que vas a una casa en donde sirvan ya se han aprendido tu nombre y ya saben si el güisqui lo tomas con soda o solo, y si en el café te pones dos o tres terrones de azúcar. A mí me enternecen los filipinos, como me enternecerían los esclavos en Roma. Tras su blanca chaqueta de mozos de comedor parecen que no tuvieran edad, que no tuvieran siquiera derecho a los sentimientos. ¿Cómo estará Filipinas que media nación se ha venido a servir a España? Es muy fácil hablar de lo que pasaron, fatiguitas negras, nuestros emigrantes en Alemania, porque no los vimos. Como los vemos, y en casa de los amigos, es muy difícil hablar de las fatigas que tienen que pasar estos hombres y mujeres, lejos de sus familias, lejos de su cultura, en el oficio de criados que ya nadie en España quiere. Cuando un filipino me sirve una copa en casa de unos amigos pienso que es muy fácil no ser racista en España, porque pensamos siempre en los negros de Alabama, y nunca en los filipinos de Sotogrande o de La Moraleja. Tener un filipino en España hoy es un signo externo de riqueza, como el Jaguar o la casa en Guadalmina. O mejor que un filipino, dos, «los filipinos» por antonomasia, ella en la cocina y en el cuerpo de casa, él de chófer («mecánico» debe decirse) y mozo de comedor.

En esta España de sarampión sindicalista, los filipinos no cuestionan nada. Las señoras los contratan como se compran un cuadro costumbrista en las subastas de Durán. Los filipinos, fieles y trabajadores, hasta llegan a sentirse un objeto más, ay, de la casa. Se consideran gananciales. Le escuché decir a un noble filipino, cuyos señores se estaban separando judicialmente:

-No, ahora juez decir si Cony se va con señor o con señora ...

Cony era él mismo. Se incluía en la condición de bien ganancial para no tomar partido por ninguna de las dos partes en conflicto. Cony lo sabía todo de aquella separación, pero no hablaba. Siempre su voz era la misma cuando se llamaba a la casa.

-¿Está la señora?

-Señora no estar, señora estar en Madrid.

Cuando hablas con los filipinos te crees Gary Cooper, e inmediatamente empiezas también a hablar «en indio».

-¿Y señor, no estar señor?

-Señor estar en campo ...

Unas amigas contrataron días pasados a un filipino. La muchacha de toda la vida se les había casado, y la una convenció a la otra que lo mejor era meter un filipino. Mejor dicho: unos filipinos, un matrimonio, que es lo que se estila. Llamaron al filipino de una tercera amiga para que les buscara a un paisano de los muchísimos que hay en España. Y se lo pasaron como locas «hablando en indio» en la contratación de los filipinos, que ya los tienen allí, sirviendo la comida y descolgando el teléfono.

-¿Su mujer hacer también cocina?

-Sí, pero cocina fácil. No cocinera profesional...

-No, aquí señor tomar carne plancha y ensalada, cocina no complicada...

-Entonces mujer sí saber hacer cocina...

-¿Y usted conducir?

-Sí, yo conducir...

-¿Carné España o carné Filipinas?

-Carné España sacó señora casa antes llevar colegio niños...

-Señor querer llevar coche oficina, no aparcar centro, ¿comprende usted?

-Sí, no saber cómo decir, casa anterior yo también llevar señor coche y niños colegio...

Cuando me lo contaban, reían y reían... Nunca en su vida se lo habían pasado tan bien como contratando a los filipinos, por el ridículo de verse hablando como en las películas de indios, de buscadoras de tesoros del servicio doméstico. Mentiría si dijera que no me reí. Claro que me reí. Ahora que lo pienso, no me río en absoluto. Ahora que lo pienso, veo en televisión un ataúd como de Mississippi, con un dictador que tiene toda esa cara de Juanito Valderrama que Dios le dio. Un dictador que en qué condiciones de miseria no sumiría a su pueblo, que de allí ha salido todo un éxodo de la nueva esclavitud. Los señores tienen filipinos como los patricios romanos tenían esclavos. Los filipinos tienen sus pisos, donde una vez a la semana se reúnen, y hablan en tagalo. En esos días, los martes, los miércoles, en que los filipinos de nuestras ciudades se reúnen en sus pisos, y se hacen sus comidas, y hablan su lengua, a mí me gustaría poder entenderlos. Ellos sí que nos contarían cosas de las casas de nuestros amigos que serían absolutamente para partirse de risa. Y no porque habláramos en indio:

-Señor llegar anoche borrachera impresentable y señora pegarle. Señora pega a señor en cuarto cuando venir borracho...

Antonio Burgos, Blanco y Negro, 15-10-89

Anotaciones

(1) ataúd (m.): [Sarg] — (2) Juanito Valderrama: cantante muy popular que conservó su voz y aspecto de niño hasta la vejez — (3) Imelda Marcos: esposa del presidente filipino Ferdinand Marcos — (5) como para que: para que — indignar: [empören] — cura (m.): sacerdote católico — (6) ladrón (m.): [Dieb] — (8) flamenquito (m.): andaluz — viendo

de quien venía el aserto: ya que la afirmación había sido hecha por un eclesiástico — (12) servir: trabajar de doméstico [dienen] — (13) terrón (m.): trozo — (14) enternecer: [rühren] — tras: detrás de, bajo — (15) mozo (m.) de comedor: [Kellner] — (17) fatiguitas (f.p.); diminutivo de fatigas: dificultades, penas, trabajos — (20) en su oficio (m.) de: en su profesión de — (23) Sotogrande, La moraleja: zonas donde viven los ricos de Madrid — (24) Guadalmina: zona montañosa cerca de Madrid — (25) por antonomasia: [schlechthin] — (26) mecánico (m.): mecánico de coches — (27) de sarampión sindicalista: que no se lleva bien con las ideas sindicalistas — cuestionar: preguntar, poner en duda — (28) subasta (f.): [Versteigerung] — (24) fiel: [treu] — (30) gananciales: bienes (m.p.) gananciales: [in der Ehe erworbene Güter] — (33) incluirse en la condición de: considerarse a sí mismo como — (39) hablar en indio: hablar como los indios de las películas de cine — (42) muchacha (f.); aquí: sirvienta, doméstica — se les había casado: se había casado y no continuaba trabajando en su casa — (43) meter: emplear, colocar como doméstico — (44) se estila: está de moda — (45) paisano (m.): compatriota — (46) pasárselo como locos/as: divertirse mucho — (47) descolgar el teléfono: responder a las llamadas telefónicas — (50) carne (f.) plancha: carne asada en la plancha — (55) carné (m.): permiso de conducir — (56) sacar; aquí: pagar, regalar — (62) ridículo (m.): [Lächerlichkeit] — (63) mentir: no decir la verdad — (67) sumir: hundir [stürzen] — (70) tagalo (m.): lengua indígena hablada en Filipinas — (73) partirse de risa: [sich krank lachen] — (75) borrachera (f.): [Rausch]

Análisis y comentario

1. Resuma y estructure el contenido del texto.
2. ¿Cómo caracteriza Antonio Burgos a los filipinos que trabajan en el servicio doméstico?
3. ¿Qué critica el autor de la sociedad española?
4. ¿Qué dice el autor de los Marco y de la situación actual del Archipiélago Filipino?
5. Enumere y comente los principales elementos satíricos que se encuentran en el texto.

V

TOLERANCIA, COMPRENSIÓN Y SOLIDARIDAD

BUENA EDUCACIÓN Y NORMAS DE CORTESÍA

Recientemente se ha reabierto el debate político en el Parlamento sobre la política de extranjería, a raíz de una proposición del PSOE en la cual se insta al Gobierno a definir su política de extranjería y a completar el proceso de regularización de los inmigrantes abierto en 1985.

El objetivo de la Proposición es en definitiva, legalizar la situación de los extranjeros que puedan «demostrar su inserción y arraigo». Igualmente, se señalaba la necesidad de un mayor control fronterizo, la extensión del visado, la racionalización de la estructura administrativa que gestiona la política de extranjería y medidas para la integración de los inmigrantes.

A pesar de que la iniciativa de la Proposición contiene aspectos positivos, lo cierto es que no aborda la cuestión central en este tema como es la reforma de la Ley de Extranjería de 1985 y de su reglamento de ejecución de 1986. (...)

La mejor política de extranjería debería ser aquella que comenzara modificando la actual legislación, que está caracterizada por su carácter restrictivo y limitador de los derechos y libertades de los emigrantes.

Me contaba una compañera peruana las vicisitudes que ha tenido que pasar, tanto ella como las personas que están en su situación. Serían largas de contar sus tristes anécdotas... Se refería a los laberintos burocráticos donde todo es pedir papeles y más papeles, al trato de desprecio que tienen que sufrir... Señalaba que el objetivo último es excluirles y levantar más muros legales. Se quejaba de la falta de información que hubo en el momento de promulgar la Ley con el fin de regularizar la situación de los inmigrantes, por lo que muchos pasaron a situación de ilegalidad. Ponía mucho énfasis en lo que considera la trampa fundamental de la Ley: el círculo diabólico que se establece entre el permiso de residencia y trabajo, pues uno presupone al otro. Para obtenerlos, la primera dificultad comienza por la exigencia de visado, para lo cual se requiere una cantidad de dinero de la que se carece por lo general, o en su defecto, un avalista, del que igualmente se carece, con un patrimonio determinado.

No es de extrañar que el número de extranjeros rechazados en la frontera se haya quintuplicado respecto a 1985, con una total inseguridad jurídica para estas personas. Sin ninguna clase de asesoramiento, en muchas ocasiones son devueltos en barcos de carga sin ninguna condición para viajes de largas travesías.

Se podría continuar ampliando el relato de todo este entramado legal que, en definitiva, no ofrece otra alternativa al inmigrante (al obrero y al pobre, claro) que la de la clandestinidad y el «buscarse la vida». Por ello tampoco es de extrañar la explotación a que se ven sometidos en trabajos sumergidos y en condiciones de vida que claman al cielo. (...)

El tratamiento político dado al tema no es más que el reflejo de actitudes clasistas y xenófobas que anidan en muchas personas de nuestra sociedad y que tienden a rechazar a los extranjeros y a presentarlos como unos indeseables, bajo el pretexto de que «ya estamos nosotros mal como para tener que repartir encima con personas de fuera».

Por eso es un gran reto para las organizaciones obreras el fomentar la cultura de la solidaridad. Es necesario profundizar en la toma de conciencia de que esta situación es producida por la injusta distribución de la riqueza a nivel mundial entre el Norte y el Sur, cuya fosa se abre progresivamente. Por eso, y aunque suene a repetitivo, sólo un nuevo orden internacional pondrá remedio a una situación que de otro modo se hará insostenible porque ningún muro de contención, ningún grupo de Trevi, ningún acuerdo de Schengen (en definitiva, medidas policiales que abordan el tema de inmigrantes junto al del narcotráfico, delincuencia internacional...) será capaz de resistir la avalancha de pueblos enteros que huyen del infierno del hambre. Como decía J.A. Gimbernat en un clarificador artículo sobre el tema: «Parecería que la Europa unida buscara reequilibrar la supresión de las barreras intracomunitarias amurallando sus fronteras exteriores: la fortaleza europea».

Otro elemento favorecedor de la emigración son los cambios en la Europa del este. ¿No nos habíamos alegrado todos tanto de la caída del muro de Berlín? ¿Quién levanta ahora verdaderos muros? ¿No les habíamos dicho que nuestro mundo era algo así como un paraíso? ¡Pues, dejémosles que lo disfruten!

Por eso mientras nuestro nivel de vida se apoye en la miseria de esos países, lo menos que se puede pedir es «buena educación y normas de cortesía», acogiéndoles del mejor modo posible. Al mismo tiempo trabajemos porque la legislación se modifique en la línea de reconocer la emigración como un derecho de las personas, de mejorar sus condiciones de vida.

Javier Madrazo, NOTICIAS OBRERAS, 16-5-1991

Anotaciones

(1) recientemente: no hace mucho tiempo — (2) a raíz de: con motivo de — PSOE: Partido Socialista Obrero Español — instar: pedir con insistencia — (6) inserción (f.) y arraigo (m.): sólida integración — (7) extensión (f.), aquí: generalización de la necesidad de visado para los habitantes de países que no son miembros de la Comunidad Europea — (8) gestionar: llevar a cabo, tramitar — (11) abordar: enfrentarse con, tener seriamente en cuenta — (16) vicisitud (f.): inconveniente, dificultad — (18) referirse a; aquí: hablar de, exponer — (19) desprecio (m.): [Mißachtung] — señalar: especificar, hacer ver — (20) excluir: separar, marginar [ausschließen] — quejarse: lamentarse [beklagen] — (21) promulgar: hacer público/a [verkünden] — (22) poner énfasis en: acentuar, recalcar — (23) trampa (f.): [Lücke, Falle] — círculo diabólico: círculo del que no se puede salir [Teufelskreis] — (24) presuponer: [voraussetzen] — (25) requerirse: ser necesario — (26) carecer: no tener, no disponer de — (27) avalista (m.f.): [Bürge] — patrimonio (m): cantidad de dinero, bienes — (28) no es de extrañar: no hay que admirarse de — quintuplicarse: multiplicarse por cinco, hacerse cinco veces mayor — (30) asesoramiento (m.): información jurídica — (31) travesía (f.); aquí: distancia — (32) entramado (m.): complicación — (35) verse sometido/a: verse obligado/a — trabajo sumergido: trabajo ilegal [Schwarzarbeit] — (36) clamar al cielo: [zum Himmel schreien] — (38) anidar:

existir, desenvolverse [nisten, schlummern] — (42) reto (m.): [Herausforderung] — (45) fosa (f.): [Graben] — sonar a: parecer — (46) poner remedio a: solucionar, mejorar, remediar — (47) grupo (m.) de Trevi, acuerdo (m.) de Schegen: resoluciones de la Comunidad Europea para controlar la inmigración — (50) avalancha (f.): [Lawine] — (53) amurallar: cercar con un muro, cercar con una muralla — fortaleza (f.): [Festung] — (55) caída (f.): substantivo de caer — (57) paraíso (m.): [Paradies] — disfrutar: [genießen] — (59) acoger: recibir, hospedar

Cuestionario de estudio

Elaboración y comprensión

A) Cuestiones sobre el texto

1. ¿Qué pidió el Partido Socialista al Gobierno?
2. ¿Qué pretendía obtener el PSOE con su Proposición?
3. ¿Qué piensa el autor de la Proposición?
4. ¿Qué espera el autor de una posible política referente a los extranjeros?
5. Enumere la dificultades que tuvo que afrontar la peruana de la que habla el texto.
6. ¿Cuál era, según ella, el fin último de los trámites burocráticos?
7. ¿De qué se quejaba la joven con referencia a la nueva ley?
8. ¿Cuál es, en opinión de la emigrante peruana, la «trampa» de la ley?
9. ¿Qué les sucede a muchos de los extranjeros que son rechazados en las fronteras?
10. ¿Cuáles son las consecuencias para muchos extranjeros que deciden quedarse en España a pesar de haber sido rechazados, o que no solicitan la legalización de su situación?
11. ¿Qué actitud tienen muchos españoles frente a los extranjeros?
12. ¿Cuál es la verdadera causa del problema de la emigración?
13. ¿Cómo se podría solucionar el problema?
14. ¿De qué acusa Gimbernat a la Europa actual?
15. ¿Qué idea propagaba Europa de sí misma antes de la caída del «Muro»?

B) Léxico y gramática

I Determine el género de los siguientes substantivos y los verbos que les corresponden.

acuerdo	delincuencia	desprecio	educación
explotación	extensión	fomento	información
inserción	integración	mejora	modificación
muralla	orden	permiso	arraigo
asesoramiento	caída	carencia	contención
control	cuestión	debate	proceso
proposición	rechazo	reflejo	reforma
reglamento	reto	situación	supresión

II Ponga las frases en pasiva.

1. El Parlamento abrió el proceso de la regularización de los emigrantes en 1985.
2. El Gobierno modificará la actual legislación.
3. La mayoría de la población no rechaza a los extranjeros.
4. Los empresarios explotaban a los inmigrantes.
5. A veces, la prensa ha presentado a los extranjeros como indeseables.
6. Los políticos no abordaron con seriedad el problema.
7. La legislación europea abrirá sus fronteras interiores y amurallará las exteriores.
8. Muchos europeos no han aprendido las lecciones que nos da la historia.
9. Europa no acoge a sus huéspedes con la dignidad que estos merecen.

III Traduzca la siguiente carta al director.

Escribo a este periódico con la indignación que me produce el leer hechos tan injustos y discriminatorios como lo que sucede con los extranjeros que residen en nuestro país y pretenden legalizar su situación personal y laboral.

Aplaudo esta especie de «amnistía» que por fin el Gobierno ha concedido a los que pretenden normalizarse y que da un respiro – temporal, eso sí – tras la durísima Ley de Extranjería. Lo que me parece injusto es que una persona que está intentando abandonar su ilegalidad se la detenga y se la envíe a su país en plena fase de normalización.

Estos hechos junto a los acontecimientos últimamente con la raza gitana me parecen tan inverosímiles en pleno siglo XX que me hacen cuestionarme si no estaremos regresando a las cavernas y perdido la racionalidad y el espíritu de comprensión.

Quizás suene a utopía pero si nuestro país por cuestiones políticas, laborales, raciales no nos ofrece suficientes garantías de acuerdo a nuestras expectativas de vida, ¿por qué no podemos elegir otro donde crecer y desarrollarnos dignamente? Hablo de adaptación y de trabajar con salarios dignos no de vandalismo ni de bandas minoritarias que lo único que consiguen es que la sociedad identifique a un pueblo, a un colectivo, con esa minoría.

¿Por qué las raíces tienen que impedirnos echar a volar? ¿Por qué no plantarlas en otro lugar? Soy catalana pero si algún día siento la necesidad de residir en otro país, no me gustaría que me llamasen extranjera, foránea, extraña y me devolvieran al remitente como si de un paquete de Correos se tratara.

Gloria María Bosch Meza, EL PAIS, 30-10-1991

Comentario y análisis

1. Resuma y estructure el contenido del texto.
2. Explique con sus propias palabras por qué la actual legislación española referente a los extranjeros puede calificarse de restrictiva y enumere las consecuencias negativas de esta legislación.
3. ¿Por qué puede considerarse contradictorio el comportamiento de la Comunidad Europea frente a la Europa del Este?
4. ¿Está usted de acuerdo con la afirmación del autor de que el nivel de vida de los países desarrollados se apoya en la miseria de los países subdesarrollados? Fundamente su respuesta.

MESTIZAJE Y RACISMO

La literatura y el arte son como las ciudades: impuras, bastardas y mezcladas, afirmaron ayer el escritor mexicano Carlos Fuentes y el español Juan Goytisolo. Ambos, tal como han mostrado en sus creaciones literarias, se declararon partidarios del mestizaje no sólo cultural sino urbano e hicieron una firme y rotunda denuncia del racismo actual que se vive en las grandes urbes de todo el mundo. El encuentro, que ha supuesto el último acto público entre ambos literatos tras una intensa semana en que han encabezado y compartido un sinfín de coloquios en la Universidad de Verano de El Escorial, se enmarcó dentro del seminario «Los 10 mejores libros desde la transición».

Aparentemente, el coloquio consistía en que Carlos Fuentes analizara, en presencia del propio autor, la novela de Juan Goytisolo «Paisajes después de una batalla», que ha sido elegida por la revista Quimera como uno de los 10 mejores libros españoles escritos desde la muerte de Franco, en 1975, hasta nuestros días. Y Fuentes cumplió con lo previsto. Lo mismo que Goytisolo. Incluso dieron más, bastante más: en lugar de limitarse a hacer un análisis estrictamente literario de «Paisajes después de una batalla», Carlos Fuentes, apoyado por el propio Goytisolo, hizo una lectura claramente política de esta novela escrita en 1982 y ambientada en París que, según el escritor mexicano, «anuncia la crisis de nuestras grandes ciudades, que se están convirtiendo en multiétnicas por la grandes inmigraciones, pero cada vez más racistas porque no tienen capacidad para entender al otro».

El recorrido por el paisaje de la batalla del racismo que vive el mundo actual pasa, para Fuentes y Goytisolo, por la concepción misma de la cultura. «La búsqueda de una sola tradición es suicida», afirmó Fuentes. «Una cultura es la suma de las influencias exteriores que ha recibido. Cuanto mayor apetito devorador tenga, mejor síntoma de buena salud será», añadió Goytisolo.

El problema de inmigración a las grandes ciudades (en nuestro entorno cercano estamos viviendo las de magrebíes, africanos y europeos del Este) conlleva un asunto más grave, denunció el escritor mexicano: «La creación de un tercer mundo dentro del primer mundo, que se manifiesta, por ejemplo en Río de Janeiro, en el asesinato de niños mendigos, para que no crezcan y se hagan delincuentes. O el caso de los recientes sucesos de Los Angeles, que es la Bizancio del siglo XXI».

Juan Goytisolo no se quedó parco en palabras y, además de denunciar cómo «alguien que se llame Mohamed no consigue contrato de trabajo en Francia», recordó la huida masiva (con posterior repatriación) de albaneses a Italia y, según sus propias palabras «el papel perverso que juega la televisión en el mundo actual». Según Goytisolo, «el 90% de los albaneses decía Dallas, cuando les preguntaban dónde querían ir... Uno de ellos, según le repatriaban comentó: Si dan de comer a gatos con cucharitas de plata, tal y como veo en la televisión, ¿por qué nos tratan así?». Tras la caída del comunismo puede rebrotar el fascismo, fue la aprensión final que manifestaron tanto Carlos Fuentes como Juan Goytisolo.

Diego Muñoz, EL PAIS, 15-7-92

Anotaciones

(1) impuro/a: [unrein] — (3) declararse partidario/a de: defender — (4) rotundo/a: muy claro/a — (5) urbe (f.): ciudad — (6) suponer: ser, constituir — tras: después de — (7) encabezar: presidir — compartir: tomar parte en — sinfín (m.): número muy elevado — (8) enmarcarse dentro de: ser una parte de — (10) aparentemente: [anscheinend] — (13) cumplió con lo previsto: hizo muy bien lo que se esperaba de él — (15) limitarse: ceñirse [sich beschränken] — estrictamente: puramente, meramente [ausschließlich] — (16) apoyado/a por: con el consentimiento y la ayuda de — (19) multiétnico/a: que contiene personas de varias razas o etnias — (20) tener capacidad: saber, estar en condiciones — (21) recorrido (m.); aquí: lectura, comentario [Durchgang] — (22) búsqueda (f.): substantivo de buscar, busca — (23) suicida: [selbstmörderisch] — (24) devorador: que quiere asimilar totalmente [verzehrend] — (25) síntoma (m.): señal, signo — (26) entorno (m.): mundo, vecindario — (30) niño mendigo: [Bettelkind] — (36) reciente: que ha sucedido hace poco tiempo — (32) no se quedó parco en palabras: habló ampliamente — (34) huida (f.): sustantivo de huir — (37) según le repatriaban: cuando lo enviaban a su patria — (39) rebrotar: volver a aparecer — aprensión (f.): preocupación

Cuestionario de estudio

Elaboración y comprensión

A) Preguntas sobre el texto

1. ¿Dónde tuvo lugar el encuentro de Carlos Fuentes y Juan Goytisolo?
2. ¿Quiénes son estas dos personas?
3. ¿Qué tema tenía el seminario en el que hablaron?
4. ¿En que coincidieron los dos autores al hablar del mestizaje?
5. ¿Qué misión tenía Carlos Fuentes en el coloquio?
6. ¿Qué es «Paisajes después de la batalla»?
7. ¿Se limitó Carlos Fuentes a analizar la novela desde el punto literario?
8. ¿Cómo definió Goytisolo el término «cultura»?
9. ¿Qué problemas puede originar la inmigración en la grandes ciudades?
10. ¿Qué dijo Goytisolo de los magrebíes que se encuentran en Francia?
11. ¿Cuál es el temor que manifestaron los novelistas al final del coloquio?

B) Léxico y gramática

I Explique el significado de las siguientes expresiones.

1. El ponente se declaró partidario del mestizaje urbano.
2. Goytisolo y Fuentes encabezaron y compartieron un sinfín de coloquios.
3. Carlos Fuentes cumplió muy bien con lo previsto.
4. Algunas ciudades europeas se están convirtiendo en multietnias.

5. El racista no tiene capacidad para entender al otro.
6. Para una cultura, la búsqueda de una sola tradición es suicida.
7. Cuanto mayor apetito devorador tenga una cultura, mejor síntoma de buena salud será.
8. Los Angeles se puede considerar como el Bizancio del siglo XXI.
9. Los locutores no se quedaron parcos en palabras.
10. La televisión a veces juega un papel perverso.

II Discurso indirecto

1. «Estamos asistiendo simultáneamente al intento de construcción de una Europa moderna, unida y confortable para unos millones de ciudadanos privilegiados y a la terrible tragedia de otros millones de personas que están viéndose obligados a abandonar sus lugares de origen y venir a vuestra Europa que les cierra las puertas».
2. «Desearíamos que no se perdiera de vista que los ciudadanos polacos, marroquíes o senegaleses que llegan hoy a España no son los principales culpables de los errores que puedan cometer en su afán de reunir cuanto antes el dinero que les permita volver a su casa y a su tierra. No olvidemos tampoco que la necesidad de obtener lo necesario para sobrevivir es lo que les empujó a la emigración desesperada hacia países cuya capacidad de acogida no es ilimitada».
3. «A mi modo de ver, el proceso de integración, del que tanto se habla en los últimos tiempos, resulta casi imposible, no sólo porque en toda España se vienen advirtiendo señales alarmantes de racismo sino, sobre todo, porque existe una política segregacionista que no ayuda precisamente a abrir los caminos de la tolerancia, la comprensión y la solidaridad».

Un intelectual africano declaró hace unas semanas que ...

Análisis y comentario

1. Resuma en unas quince líneas el contenido del texto.
2. Goytisolo afirmó en el coloquio: «La búsqueda de una sola tradición es suicida». Comente el significado y las implicaciones de esta afirmación.
3. En el penúltimo párrafo se habla de «la creación de un tercer mundo dentro del primer mundo» y se nombran ejemplos brasileños y norteamericanos.
   ¿Tiene vigencia esta afirmación en Europa?
   Aduzca ejemplos concretos que fundamenten su opinión.
4. Goytisolo denuncia la influencia que ejerce la televisión en el fenómeno del éxodo internacional.
   ¿Cómo aclara el autor de «Paisajes después de la batalla» su afirmación?
   ¿Comparte usted su opinión?
   Justifique su respuesta.

EL CIVILIZADO EJEMPLO DE CARIÑENA

Hace ahora aproximadamente un año, Cariñena veía cómo una gran afluencia de inmigrantes se acercaba a la localidad en busca de un puesto de trabajo en la vendimia que les facilitase su legalización en España.

El ayuntamiento y sus vecinos comprendieron que había que tomar medidas pero en lugar de salir a la calle armados de palos y porras, el alcalde, José María López Gimeno, reunió a los representantes sindicales, a agricultores, empresarios e instituciones sociales para llegar, con el diálogo y la colaboración, a una solución pacífica: Acordaron dar trabajo a los inmigrantes norteafricanos retribuyéndoles con un salario justo y aportaron, además, las ayudas económicas necesarias para que los recién llegados pudieran instalarse y vivir dignamente hasta que tuvieran sus propios recursos.

Cariñena llegó a acoger en tiempo de vendimia a unos 300 magrebíes de los cuales 20 han establecido en esta localidad vinícola su residencia fija. El alcalde, José María López Gimeno, explica que «aquí nunca ha habido ningún incidente con los inmigrantes. Es más, los que están afincados de forma permanente, están totalmente integrados en la vida de la comunidad y la población los mira como a cualquier otro vecino». Asegura, además, que en el municipio al que representa nunca ha existido ninguna manifestación de racismo o xenofobia, «ni de palabra ni de obra».

La visión civilizada que ha demostrado el alcalde y la población en general de la localidad zaragozana de Cariñena contrasta con los sucesos de Fraga que llevaron a la dimisión del edil fragatino, Francisco Beltrán y a los que José Luis López Gimeno no duda en tachar de «lamentables y totalmente condenables». «Parece mentira – recuerda el alcalde de Cariñena – que los españoles hayan olvidado su pasado emigrante cuando se vieron obligados a salir de nuestro país y buscar una forma de vida fuera de nuestras fronteras.»

López Gimeno muestra su solidaridad al representante municipal de Fraga y se muestra optimista de que vuelva a ocupar el sillón que le corresponde en el consistorio municipal de esta localidad del bajo Cinca porque «se lo merece ya que siempre ha sido un ejemplo de humanidad y un claro defensor de los derechos fundamentales». López Gimeno no sólo condena los actos violentos de los incontrolados que despertaron a golpes a seis magrebíes, sino que no comprende la respuesta de una parte de los fragatinos que, a favor de los agresores, dieron la espalda a Francisco Beltrán.

El consistorio de Cariñena reconoce que el ejemplo puede atraer la llegada de emigrantes el próximo mes de septiembre, época de recogida de la uva, en un año en el que, explica López Gimeno, va a haber menos trabajo que en temporadas anteriores ya que la cosecha «no es buena». El alcalde de Cariñena señala que si eso ocurre habrá que tomar nuevas medidas porque la localidad no puede hacer frente a una llegada masiva de inmigrantes extranjeros. Medidas que sin embargo, reitera López Gimeno, «no van a obligar a salir a los magrebíes por miedo a la violencia y los golpes».

En la Diputación General de Aragón se buscan soluciones para aquellos municipios que tienen que asumir la avalancha de inmigrantes que, en la mayoría de los casos llega a duplicar su población. Entre las medidas propuestas por el Departamento de Sanidad y Bienestar Social de la DGA destacan el refuerzo del Servicio Social de Base, el apoyo técnico de los Servicios Provinciales, subvenciones de bolsas de comidas, refuerzo de las asistencias sanitarias, y medidas sociales destinadas tanto a la sensibilización de los ciudadanos como a la información y gestión de recursos de los inmigrantes.

M.J. García, ABC, 5-7-1992

Anotaciones

(1) afluencia (f.); aquí: gran cantidad — (2) en busca de: buscando — vendimia (f.): [Weinernte] — (5) armado/a: [bewaffnet] — palo (m.): [Stock] — porra (f.): [Gummiknüppel] — (8) retribuir; aquí: pagar — (9) aportar: llevar y poner a disposición — recién llegado/a: que acaba de llegar — (13) vinícola: que produce vino — (15) estar afincado/a: vivir, tener residencia — (21) edil (m.): alcalde — fragatino/a: de Fraga (Huesca) — (22) tachar de: calificar de — parece mentira: no se puede comprender — (27) sillón (m.): [Sessel] — consistorio (m.) municipal: ayuntamiento — (32) dar la espalda: no apoyar, no solidarizarse con — (33) atraer: provocar, originar [herbeiführen] — (35) temporada (f.): [Saison] — (36) cosecha (f.): [Ernte] — señalar: decir, advertir — (38) reiterar: repetir, acentuar — (41) asumir: recibir, acoger — avalancha (f.): gran cantidad [Lawine] — (42) duplicar: doblar, multiplicar por dos — (43) destacar: sobresalir, ser importante — (46) gestión (f.): tramitación

Cuestionario de estudio

Elaboración y comprensión

A) Preguntas sobre el texto

1. ¿A qué iban los emigrantes a Cariñena?
2. ¿Por qué estaban muy interesados en encontrar un puesto de trabajo?
3. ¿Cómo reaccionó Cariñena frente a la invasión de los emigrantes?
4. ¿Qué decidieron las autoridades y asociaciones de la localidad con referencia al jornal y alojamiento de los extranjeros?
5. ¿Cuántos vecinos magrebíes cuenta la comunidad de Cariñena?
6. ¿Cómo se comportan los vecinos de Cariñena frente a sus vecinos extranjeros?
7. ¿Qué piensa el alcalde de Cariñena de los incidentes de Fraga?
8. ¿Que dice del alcalde fragatino?
9. ¿Qué problema puede tener en el presente año la villa de Cariñena?

10. ¿Qué planea actualmente la Diputación General de Aragón?
11. ¿Qué medidas ha propuesto el Departamento de Sanidad?

B) Léxico y gramática

I Forme los contrarios de las siguientes palabras y expresiones.

1. Los magrebíes se acercan a la localidad.
2. Se les facilita su legalización.
3. Se les paga un salario injusto.
4. Muchos extranjeros están totalmente integrados en la vida de la comunidad.
5. El alcalde se muestra optimista.
6. Los fragatinos dieron la espalda a su alcalde.
7. Los españoles olvidan su pasado emigrante.
8. El comportamiento de algunos ciudadanos es lamentable y condenable.
9. Salen a la calle armados.

II Complete el texto con las palabras que siguen.

contra — sea — entre dos — del Estrecho de Gibraltar — ilegales — comunicación — proteccionistas — respeto de — se juegan — a esos — de dinero — llegan — completamente — escala de valores — asomarse a — lo que nos sobra— llamamos — trabajo — superproducción

Los ilegales

Cuando leo y oigo llamar ... a personas que para buscar ... que les permita sobrevivir ... la vida, me revuelco de estupefacción. Me refiero ... desgraciados que llenan las pateras y los bolsillos de quienes desde un lado y otro ... se dedican al transporte de personas mediante el pago de cantidades ... astronómicas, sin responder de sus vidas ni de si ... o no a un destino que no existe.

Hoy día, los medios de ... hacen que el mundo ... transparente, y en este caso es normal que esos dos tercios de la humanidad que vive, mejor dicho, ... en la miseria, traten de ... este paraíso terrenal que les mostramos, a ver si a cambio de su trabajo les damos algo de ..., cosa muy lógica si tenemos en cuenta que nuestro problema es de ... y saturación de mercados.

Mientras tanto, los pueblos de lo que ... Tercer Mundo se ven aplastados ... legalidades: la de morirse de miseria y de hambre en sus respectivos países cosa que es ... legal o estrellarse ... el muro de contención cimentado sobre la legalidad de las leyes ... de un sistema para el que en su ... no figura la solidaridad, que es la médula del humanismo. Mientras tanto, sus filántropos lanzan continuas llamadas al ... los derechos del hombre.

Delfín Rodríguez Santiago, EL PAIS, 7-11-1992

III Subjuntivo (repaso)

Complete las frases con las formas verbales convenientes.

1. Es posible que [nosotros] (llegar) antes de las 10. 2. Varias asociaciones de consumidores pidieron que este producto (ser) retirado inmediatamente de la venta. 3. He oído decir que [ellos] (ir) a (casarse) la semana próxima. 4. Es muy raro que [él]

(llegar) tarde. 5. Ya va siendo hora de que [vosotros] (volver) a casa. 6. Luis Mariano (dijo) que no (poder) (venir) esta tarde porque (tener) dolor de cabeza. 7. Es una pena que [tú] no (poder) (pasar) unos días más con nosotros. A nosotros nos (gustar) que [tú] (quedarse) hasta el fin de la semana próxima. 8. No creo que [ella] te (dar) una respuesta antes de fin de mes. 9. Las mujeres siempre han reivindicado que se les (pagar) como a los hombres, si ellas (hacer) el mismo trabajo que ellos. 10. Nos propusieron que [nosotros] (ir) a (pasar) unos días con ellos. 11. Ella asegura que nos (llamar) ayer por teléfono y que [nosotros] no (estar) en casa. 12. Me sorprende mucho que [ellos] (volver) tan tarde. 13. Será mejor que [tú] no (volver). 14. Me parece que [él] no (estar) porque ayer por la noche [él] (tener) la luz apagada. 15. Deseamos que [vosotros] (tener) un buen viaje y que (volver) pronto a (vernos]. 16. Creo que lo que [él] (decir) no (ser) toda la verdad. 17. Un miembro de una asociación humanitaria declaró que cuando los emigrantes (reunirse) en las plazas de algunas localidades les (echar) porque (molestar) y (devaluar) los comercios y el pueblo.

Análisis y comentario

1. Resuma y estructure el contenido del texto.
2. Exponga, partiendo del texto, lo que usted sabe de los acontecimientos que tuvieron lugar en Fraga a principios de verano del año 1992.
3. En Cariñena se teme que en el año actual no se pueda dar trabajo a todos los emigrantes que lleguen a la población en busca de él.
   ¿Qué se podría hacer para evitar que suceda algo parecido a lo que pasó en Fraga?
4. ¿Piensa usted que las medidas propuestas por el Departamento de Sanidad y Bienestar social de la DGA pueden solucionar el problema?
   Justifique su respuesta.

POR LA DIGNIDAD DEL EMIGRANTE EXTRANJERO

¿Existe realmente un derecho a disfrutar de refugio en los países democráticos? ¿Se encuentra España obligada a facilitar protección a quien alega encontrarse en situación desesperada en su propio país de origen? Sin duda alguna, ese derecho y esa obligación existen, al menos desde que España forma parte del Convenio de Protección de Refugiados (Ginebra, 1951). No, sin embargo, en cualquier modo y con cualquier fundamento. El asilo al perseguido ha sido reconocido precisamente para eso: para ayudar a quien es víctima de una persecución individualizada.

Pero los cambios producidos en el panorama mundial han impuesto variaciones en el planteamiento.

La situación en España acusa el cambio de escenario. La entidad cuantitativa del problema era hasta hace muy poco extremadamente limitada. Si no fue difícil entender que tanto el derecho a escapar de la persecución cuanto el derecho a emigrar eran derechos humanos, no puede decirse lo mismo del deber de los Estados de absorber inmigración ilimitada.

No obstante, sería imperdonable ignorar los problemas morales que la emigración plantea al mundo desarrollado. Masas de trabajadores procedentes de Occidente colonizaron el planeta en el siglo XIX; esquilmaron sus recursos y permearon sus etnias dejando tras ello un rastro de fronteras neoestatales. Se asentó un «orden mundial» de diseño artificial y ajeno a los pobladores autóctonos de territorios destinados a recurrir a las guerras para retocar el mapa. Posteriormente, Occidente se repliega y cierra filas frente a la marca humana de damnificados: son los nuevos refugiados, provenientes no ya sólo de las «zonas de conflicto de baja intensidad», sino de arcas devastadas por la desesperanza económica.

La cooperación y la solidaridad no son postulados ideológicos: son imperativos políticos. Lo contrario es simplemente irresponsable y suicida. Pero, con ser esto cierto, los gobiernos también tienen el deber de gestionar situaciones. Europa está siendo objeto de mareas migratorias sin precedente en muchos siglos, y gran parte de las mismas están encontrando vehículo en el instrumento jurídico del asilo al refugiado. Cada vez más emigrantes de motivación económica se acogen a los regímenes de asistencia al refugiado tras la consecución de dos ventajas evidentes: la automaticidad de la permanencia en el país, una vez solicitado el estatuto de asilo, y las ayudas económicas que la Administración prevé.

En combinación con esto, hay un tercer aspecto. Cada vez más es más intenso el conflicto entre las dos caras del Estado constitucional de Derecho: garantismo y eficacia.

Las garantías ralentizan, multiplican los recursos judiciales y eternizan la resolución de los problemas materiales; mientras que la exigencia de eficacia comporta cierta rapidez y racionalidad con la asignación de los escasos recursos.

Es obligación del Estado hacer cumplir el derecho; es imperativo moral y existencial de los seres humanos el procurar que las leyes sirvan al Hombre y no al revés.

Nadie puede reprochar a esos millones de inmigrantes buscando hueco en Europa que hagan todo lo posible por acogerse a las vías de protección al refugiado y obtener los beneficios que se desprenden de ella. Nadie puede reprocharles que, agotada esta estrategia, lleguen incluso a preferir cometer delitos menores para ir a la cárcel en España antes que ser devueltos a sus países y nadie puede tampoco reprochar al propio Estado que intente evitar la desnaturalización de la ayuda al refugiado y el fraude a la ley que ello implica.

Todo ello intensifica el drama de los refugiados: la percepción social de fraude y abuso de Derecho conlleva resistencias sociales, críticas y malestar; al mismo tiempo, la proliferación de situaciones irregulares, con su efecto de arrastre sobre el incremento de la delincuencia y la marginalidad, desemboca en el fomento del racismo y de la xenofobia.

Pero lo que más preocupa es que cuantos más son los solicitantes de ese nivel de asistencia, cuanto mayor es el número de situaciones fraudulentas, menos real, eficaz, rápida y consistente es la ayuda que reciben los refugiados auténticos.

La situación exige pautas coherentes de actuación, y Europa las está encarando. España ha propuesto algunas líneas: La agilización de los procedimientos, la simplificación de las opciones de tutela ayudando, por un lado, a definir correctamente el abanico de legítimos beneficiarios de ayuda e intensificando, por otro, la entidad de la protección dispensada.

Es deber de los poderes públicos velar por la garantía de dignidad personal del extranjero en España.

Estado y Sociedad civil deben perseguir, por tanto, las conductas delictivas derivadas del racismo y la rampante xenofobia, las actitudes violentas contra los extranjeros y la explotación económica del «inmigrante irregular».

Hay algo más preocupante que la «marea inmigratoria» de los desesperados: el neosclavismo que invita a las economías más prósperas a complacerse en sentar a un «ilegal» en su mesa.

Juan Antonio Fernández Aguilar, EL MUNDO, 28-6-1992

Anotaciones

(1) disfrutar: [genießen] — (2) alegar: decir, presentar como argumento — (8) imponer variaciones: hacer necesarias ciertas variantes — (10) acusar: mostrar, hacer ver — entidad cuantitativa: [Größe] — (12) escapar: huir — (13) absorber: recibir, acoger — (15) imperdonable: que no tiene perdón — (17) esquilmar: explotar — permear: diezmar [verdünnen] — (18) rastro (m.): [Spur] — asentar: establecer — (19) diseño (m.); aquí: con fronteras — ajeno/a a: extraño para, que no tiene que ver con — (20) retocar: rectificar, corregir — (21) replegarse: [sich zurückziehen] — cerrar filas: cerrarse herméticamente — marca (f.): grupo — (24) arca (f.); aquí: zona — (25) suicida: [selbstmörderisch] — (26) gestionar: tratar de resolver — (28) encontrar vehículo (m.): encontrar medios para obtener lo que quieren — (29) acogerse a: atenerse a [sich berufen auf] — (30) consecución (f.): obtención, alcance — (31) una vez; aquí: después de haber —

(36) relentizar: frenar — eternizar: retrasar enormemente — resolución (f.); aquí: solución — (37) comportar: llevar consigo — (40) procurar: hacer todo lo posible para — (41) buscando hueco: que buscar un lugar — (43) desprenderse: deducirse — agotado/a: [erschöpft] — (46) desnaturalización (f.): [Entartung] — (47) fraude (m.) a la ley: [Gesetzesbruch] — (48) percepción (f.) social: toma de conocimiento de la sociedad — (49) malestar (m.): desagrado — (50) proliferación (f.): aumento, multiplicación — arrastre (m.) sobre: tendencia a — incremento (m.): aumento — (51) desembocar en: terminar en, llevar a — (54) fraudulento/a: [betrügerisch] — (56) pauta (f.): línea directriz — encarar: enfrentarse a — (57) agilización (f.): aceleración — (58) tutela (f.): amparo [Schutz] — (59) abanico (m.): [Spektrum] — (61) velar: [wachen] — (64) rampante: creciente — (67) complacerse en: [Gefallen finden an]

Cuestionario de estudio

Elaboración y comprensión

A) Preguntas sobre el texto

1. ¿Por qué tiene España obligación de proteger a los que huyen de la persecución que sufren en sus países?
2. ¿Por qué no fue en el pasado el asilo de refugiados un problema para España?
3. ¿Cuales fueron los efectos de la colonización europea para los pueblos colonizados?
4. ¿De qué se benefician actualmente algunos de los emigrantes de motivación económica?
5. ¿Se puede condenar su comportamiento?
6. ¿Qué repercusión tiene el comportamiento de algunos emigrantes en el resto de la población?
7. ¿Por qué puede perjudicar el aumento de solicitantes a los refugiados auténticos?
8. ¿Cómo debe proteger el Estado a los emigrantes?

B) Léxico y gramática

I Escriba el género y los verbos que corresponden a los siguientes substantivos.

abuso	acogida	actuación	agilización
arrastre	asignación	asistencia	enfrentamiento
ayuda	beneficio	cárcel	cierre
cambio	consecución	cooperación	delito
desesperanza	diseño	fomento	desnaturalización
garantía	gestión	incremento	marginalidad
modificación	motivación	obligación	percepción
permanencia	persecución	planteamiento	postulado
previsión	producción	protección	residencia
recurso	resistencia	situación	simplificación
solicitud	suicidio	variación	valor

II Formas verbales

Complete la frases.

1. Las naciones que (formar) parte del Convenio de Protección de Refugiados (estar obligado) a (proteger) a quienes (emigrar) a sus territorios y (sostener) que (haber salido) de su patria (huir) de la persecución.
2. La naciones occidentales (ser), en parte, responsables de la situación de desesperación en la que (encontrarse) algunas de las antiguas colonias porque (explotar) sus materias primas, (seccionar) grupos humanos y (crear) naciones artificiales. Los europeos se (negar) en la actualidad a (convivir) con algunos de los seres humanos de los países que (explotar).
3. Puede suceder que el aumento de los emigrantes «económicos» (perjudicar) a los verdaderos refugiados, que (abandonar) sus paises (huir) de inhumanas persecuciones personales.
4. Los flujos migratorios que [nosotros] (vivir) en nuestros días (ser) producto de las diferencias que (existir) entre el Norte y el Sur. El Sur (contar) con el 85% de la población mundial, (sobreexplotar [pasiva]) durante siglos y ahora (estar) desprovisto del más mínimo poder económico. Este Sur, que (pretender) a toda costa (obtener) e (imitar) el modelo de vida del 15% restante, no (encontrar) otro mecanismo de supervivencia que el de (probar) fortuna en alguno de los países desarrollados.

Análisis y comentario

1. Explique el contenido y la función del título del texto que analizamos.
2. El autor afirma que cuanto mayor es el número de situaciones fraudulentas menos real y eficaz es la ayuda que reciben los refugiados auténticos.
   a) ¿Qué entiende el autor por «refugiados auténticos»?
   b) ¿Está usted de acuerdo con esta definición?
3. ¿En qué medida pueden contribuir los mismos extranjeros al crecimiento del racismo y xenofobia?
4. Examine el lenguaje empleado en el escrito que comentamos y determine a que género de textos pertenece.
   Justifique su respuesta.

VI
OTROS TEXTOS

La amenaza del racismo

El rechazo a los asentamientos gitanos está generalizándose en España. Los niños de esta raza encuentran hostilidad en los colegios donde prevalecen los niños payos. Lo de Mancha Real no es una anécdota aislada. En los barrios y poblaciones del cinturón de Madrid se han sucedido estos días protestas vecinales y enfrentamientos abiertos con la Policía. La tensión se observa en todo el país, desde Almería a La Rioja y desde Cádiz a Lérida. Parecida agresividad se desata en muchos sitios contra los drogadictos y sus presuntos abastecedores, con la inhibición, cuando no con la complacencia, de la Policía.

El rechazo de los colectivos marginados está creciendo en España llamativamente. Parecida animadversión, aunque todavía de manera sorda, se observa contra los emigrantes del Tercer Mundo: moros, negros, orientales e hispanoamericanos, que están llegando clandestinamente como mano de obra barata. La xenofobia de los españoles está desterrando la antigua imagen de hospitalidad, sin que se observe una vigorosa reacción social.

Desde luego se echa aún más en falta la inequívoca toma de postura de los poderes públicos a favor de los derechos humanos y en defensa de los más desprotegidos. (...)

Es imprescindible adelantarse a los acontecimientos. El ultraderechista francés Le Pen ya se ha encargado la semana pasada de calentar los ánimos de los racistas españoles advirtiendo de la invasión extranjera que amenaza a España. Otra vez ¡Santiago y cierra España! El delito de racismo tendría que quedar cuanto antes perfectamente delimitado, y la Policía debería ser advertida del peligro de caer en él.

Esta nuestra iba a ser hace 13 años una democracia avanzada. Ese es el espíritu constitucional. El despertar de aquel maravilloso sueño no puede ser más desilusionante. Rozamos, como en una pesadilla, la vuelta al Estado policial, mientras se levantan muros para impedir que éste sea un país abierto. Pronto nos hemos olvidado de nuestra propia diáspora.

El pretexto es la droga y la delincuencia. Los que se amotinan contra los poblados gitanos y los que apalean a los pobres drogadictos proclaman que ellos no son racistas, sino que luchan contra el narcotráfico, verdadera plaga social de nuestro tiempo. El Ku-Klux-Klan también aporta razones de orden público para quemar las casas de los negros. En todo caso, la comunidad gitana debiera reflexionar seriamente sobre estas acusaciones y tratar de ahuyentar la droga de sus poblados. Aunque es evidente que no son los gitanos los que hacen el gran negocio ni los que blanquean a gran escala el dinero del narcotráfico. Y éstos no sufren la airada protesta de los barrios.

La Europa comunitaria y, por supuesto, España, que ocupa la erizada frontera sur, va a asistir impotente en las próximas décadas a la invasión pacífica o impetuosa de africanos, asiáticos y sudamericanos. Nuestro gran reto consiste en adaptarnos a una España y a una Europa pluriétinicas y plurireligiosas. La presión del hambre y la presión demográfica son las razones poderosas de esta inevitable transformación. Racismo, fundamentalismo y el revivir del fascismo (los neonazis han vuelto a dejarse notar en Alemania al año de la reunificación) constituyen la amenaza más seria del siglo XXI, que acaso ya ha comenzado.

Abel Hernández, El INDEPENDIENTE, 6-10-1991

Ahora

Los nazis – cabezas rapadas y cazadoras de cuero, o con bigote y brazalete, a la antigua usanza – son sólo la cremita del café con leche. Debajo está la sustancia. Una vecina de mi barrio, por ejemplo, una mujer que se levanta a las seis para limpiar casas ajenas, que luego trajina hasta las tantas en su propio hogar, me advirtió en la calle hace unas semanas: «Cuidado con ese negro», dijo, mirando al muchacho que venía en dirección contraria y señalando después mi bolso. Una voz en la radio: «Para ser psiquiatra sólo se necesita ser argentino», y todos rieron. Negros, gitanos, argentinos, magrebíes, dominicanas – «vienen aquí sin saber lo que es un grifo», se quejan, con razón, quienes las contratan por la mitad de lo que les costaría una española entrenada, o por menos.

Revuelvan con la cucharilla y verán qué bien se amalgaman los unos con los otros, a pesar de las protestas, las fotos en cabecera de manifestación y las declaraciones pomposas. Si no hubiera nazis que incendian y apuñalan – a un español lo acuchillaron en Milán: no somos nada en cuanto pasamos una frontera –, la gente bienpensante no podría seguir creyendo que piensa bien. Pero mucho antes de que empezaran los brotes violentos de racismo, mucho antes de que se lanzaran a la acción los extremistas, el café con leche estaba a punto de hervir en el puchero, al fuego de la derrota de las ideologías solidarias y del triunfo de la que no perdona al que nada tiene.

Los estados de opinión y las leyes, no son cosa de cuatro fanáticos con la cruz gamada en el brazo. Se cuajan en una sociedad devaluada, pasota e inútil, ahíta de necios programas de televisión y vacía de proyectos nobles, capaz de consumir lo que le echan, desde la Operación Tormenta del Desierto hasta el «revival» de Malcolm X.

Maruja Torres, EL PAIS, 25-11-92

Cuando los patriarcas pierden el bastón

En Plata y Castañar, un poblado de viviendas de tipología especial, creado en 1988 por el Consorcio para el Realojamiento de la Población Marginal en el distrito madrileño de Villaverde, todavía mandan los patriarcas. El tío Basilio y el tío Emilio son, además, presidente y vicepresidente, respectivamente, de la Asociación de Vecinos, montada con leyes payas, aunque al estilo gitano. «Aquí la droga no entró, no la dejamos entrar», proclaman con orgullo. De ello se encargaron los ancianos desde el principio. Y fue posible porque estas viviendas se construyeron pensando con dos dedos de frente en la población que tenía que habitarlas, personas que por su trabajo como chatarreros o vendedores ambulantes todavía no podían instalarse en un piso alto. Aquí, en el grupo de casitas que Juan Montes diseñó teniendo en cuenta querencias y costumbres, aún se vive al viejo estilo. Los mayores toman el sol a la puerta, y los jóvenes se les acercan para comentar el último problema surgido en el mercadillo, la última persecución de los municipales.

Pero en los grandes núcleos de marginación gitana, en las bolsas de miseria en donde el tráfico a pequeña escala ha echado raíces, en donde la adicción constituye a menudo la única salida, los viejos de respeto tienen poco que hacer, como lo demuestra el hecho de que deban organizarse para exigir – con escaso éxito – una obediencia que antes era automática. La sociedad de estos otros españoles se descompone. Su mundo, que creció paralelo al nuestro durante cinco siglos sin apenas rozarlo, se disuelve.

El carácter patriarcal, de varios linajes de profundidad, marcaba su organización e influía en temas tan importantes como el reparto de territorio, las relaciones de amistad o enemistad con otros linajes, la base económica y la perpetuación del linaje mismo, férreamente defendido a través del control de las hijas por la tía, de su virginidad como garantía para la producción de varones.

Ahora, a medida que los jóvenes disponen del dinero fácil que proporciona el «caballo», y que se convierten también en sus víctimas, se someten a la sociedad de consumo propuesta por los payos, abandonan las viejas leyes, y hasta se produce el fenómeno – impensable hace unos años – de la prostitución de muchachas. Los especialistas en temas de desarrollo gitano, que durante años han tratado de romper esa obediencia en beneficio de una integración que, respetando su cultura, les proporcionara lo que les conviene de la nuestra, contemplan con desilusión esta quiebra que se produce a cambio de nada. Mejor dicho, a cambio de lo peor de nuestro mundo.

Maruja Torres, EL PAIS, 8-11-91

Rojo contra verde

Mientras llegan noticias, malas noticias, de brotes de racismo, discriminación y conatos de expulsión de alguna comunidad gitana resulta refrescante que los gitanos de Zaragoza vayan a celebrar elecciones el próximo sábado. Ayer los dos candidatos Fortuna y José Duar, «se vieron las caras» en la Asociación y marcaron las reglas del juego. Rojo para Fortuna, verde para José.

Resulta que cuando el siglo XX dice adiós todavía hay un alto índice de gitanos que no sabe leer y menos aún escribir. Para darles facilidades se decidió que aquellos que apuesten por el programa de Fortuna introducirán en la urna una cartulina roja. Fortuna está muy contento con el color que le ha tocado en suerte porque «el rojo es muy querido entre el pueblo gitano». Los que quieran que José sea el presidente de la Asociación votarán verde. Dos colores significativos. El rojo de coraje, sangre y lucha, y el verde de esperanza. Los gitanos han de necesitar mucho coraje y tener abundantes dosis de esperanza si quieren ver resueltos sus problemas: la vivienda y la erradicación del chabolismo, el trabajo, se necesitan alternativas a la «femera», y la escolarización. Un hombre culto, con letras, tiene recorrido medio camino hacia el progreso.

Fortuna se permite el lujo de decir que los gitanos «somos más adelantados que los payos. A los 16 años muchos están ya casados, son mayores y pueden votar». El día de las elecciones podrán también votar los de los pueblos: «lo mismo se pueden presentar cinco mil que seis mil». Hay mujeres en una de las candidaturas y todas las mayores de 16 años podrán ejercer el derecho a voto. Cualquiera de los dos candidatos que resulte elegido lleva en su programa temas comunes y que acucian al pueblo gitano: trabajo, escuela y vivienda. Algo así como pan, libertad y techo. Las elecciones se celebran cuando parece que el desmantelamiento de Quinta Julieta va por buen camino. Ojalá que los moradores de ese «ghetto» artificial inicien el éxodo hacia otras orillas más felices y no vuelvan nunca más a las chabolas, la miseria y la ignorancia.

Javier Ortega, EL DIA, 14-7-1988

Tratos vejatorios

La plaza de Tirso de Molina de Madrid se convirtió ayer al mediodía en el escenario de un coloquio callejero entre mujeres inmigrantes magrebíes. Todas intercambiaban con tranquilidad, como si no fuera excepcional, sus pequeñas desgracias caseras en los hogares madrileños, en los que trabajan como empleadas. El marco fue una manifestación contra la Ley de Extranjería, que reunió a unas 170 personas, entre ellas, inmigrantes magrebíes, centroafricanos y latinoamericanos, para que se reconozca y se regularice su situación en España.

Aicha Mellagui, de 28 años, trabaja como empleada del hogar desde hace dos meses y medio para una familia que reside en el distrito de Moncloa. Mellagui, que dejó dos hijos en Marruecos, ha encontrado después de tres años en Madrid una casa donde se siente bien tratada. «Antes trabajé en dos casas donde no tenía ni horas de descanso ni un gesto amable», comenta esta mujer, que es empleada interna mientras su marido vive en una pensión del centro de la ciudad.

Mellagui apenas habla castellano, se expresa mejor en francés, pero se le entiende. Una compatriota suya, Naima Ahattoud, de 21 años, se expresa con mayor claridad: «Me he apuntado en clases de español en un colegio de monjas», comenta esta chica, que también ha sufrido los malos tratos de una familia madrileña.

Ahattoud, que parece más desenvuelta que las demás, es guapa y alegre. Hace de traductora para sus amigas, entre ellas está Fatiha Chovali, de 30 años, que provisionalmente vive en una pensión del casco viejo. Chovali vivía hasta hace unas semanas con el matrimonio formado por Jorge Javier E. y Gemma Maria S., una joven pareja con un hijo de un año que, según la marroquí, abusaban de ella continuamente. Después de un mes y ocho días de trabajo en la casa la despidieron con un cheque en la mano por valor de 53.325 pesetas – se le descontó el valor de una camiseta que le habían comprado –. La cuenta de la pareja resultó no tener fondos y Chovali no ha cobrado por su trabajo.

«Me despertaban a las 7.30 de la mañana, y trabajaba hasta las once o doce sin que me dejarán descansar o dormir un rato. Comía lo que nadie quería o los restos que ellos dejaban», añade.

Cuando el banco le comunicó a Chovali que no podía cobrar el cheque fue a protestar a «la señora». «Yo le dije que iba a ir a la policía con el cheque y ella me dijo que si lo hacía me denunciaría por robar objetos de valor de la casa. Me pidió el cheque y yo, después de fotocopiarlo, se lo devolví y la señora me entregó un sobre con 5.000 pesetas».

Elsa Fernández-Santos, EL PAIS, 8-4-91

Un contrato falso: 60.000 pesetas

Un grupo de bandas organizadas de timadores y empresas legalmente establecidas ofrecen precontratos falsos de trabajo a los inmigrantes ilegales en Madrid por cantidades elevadas. Una persona que se hace llamar Pepe vende las contrataciones por 60.000 pesetas en una empresa de construcciones del municipio madrileño de Móstoles. H. S., un norteafricano que a instancias de este periódico comenzó el pasado viernes las negociaciones, explica así el desarrollo de la negociación: «Todo fue muy sencillo. Pregunté por el responsable, un tal Pepe. Enseguida me pasaron a hablar con él y, nada más verme, me preguntó cómo me había enterado de su existencia. Le respondí que a través de H. Pareció confiado. Luego le pedí el contrato y me exigió 60.000 pesetas. Añadió que me daría los papeles dentro de una semana. Cuando le repliqué que el plazo se acababa, me aseguró que el proceso sería ampliado, al menos, siete días más. No quiso darme en ese momento nada por escrito.»

En las asociaciones de inmigrantes magrebíes, las denuncias contra esta constructora son más habituales en los últimos días. Un representante de los norteafricanos asevera: «Entre mis compatriotas surgió hace meses la noticia de que en esta empresa era sencillo obtener los papeles a cambio de dinero. Lo denunciamos a las autoridades; pero por el momento no ha pasado nada».

Fuentes de la Asociación de Trabajadores Inmigrantes Marroquíes en España (ATIME) aseguran que ha de quedar muy claro que sólo una mínima parte de los extranjeros han sido timados por estas bandas. Estas situaciones las propicia el hecho de que la Administración no quiera ampliar el plazo para la regularización, lo que motiva que los trabajadores estén asustados y lo acepten todo. «De todas formas, saben que con esas cartas no tienen posibilidades de ganar», según manifiestan estas fuentes. Las presas más comunes de estos timadores han sido ciudadanos marroquíes, chinos y polacos.

Los inmigrantes esperan en los puntos de venta la llegada de los llamados antenas, vendedores de contratos. Estos, tras comprobar la inexistencia de policía en los alrededores, ofrecen los falsos documentos por cantidades que oscilan entre las 60.000 y las 100.000 pesetas. Las ventas se llevan a cabo rápidamente. (...)

Gracia Herrera, responsable de la Oficina de Información al Extranjero de la Unión General de Trabajadores, afirma no poder distinguir los contratos verdaderos de los falsos. «Estoy segura de que las falsificaciones aumentan durante estas últimas fechas, porque el proceso de regularización está finalizando. Aquí se han presentado personas que han llegado recientemente a España y que son capaces de obtener, de un día para otro, toda la documentación requerida. También es cierto que son una minoría», manifiesta.

E. V., un marroquí que vive desde hace dos años en España, asegura que con «80.000 pesetas en el bolsillo es fácil lograr los papeles. Todos lo sabemos. Sin embargo, no conozco a nadie que haya conseguido que se los acepten a la hora de obtener un permiso de residencia. Tengo dos amigas en esta situación. No sé qué va a ser de ellas».

La policía ya ha detenido a algunos de estos vendedores tras las denuncias efectuadas por diversas asociaciones de inmigrantes.

Vicente G. Olaya, YA, 8-12-91

Respeto y racismo

El pasado miércoles 26 de febrero fui testigo de un execrable acto xenófobo y racista, en el sentido más específico de la palabra. Dos personas de procedencia magrebí se vieron suspendidas de sus derechos más elementales por un camarero insignificante, envanecido de la arrogancia que al parecer produce la barra del bar, cuando aquéllos sólo querían tomarse un café. Y esto ocurre en la capital de un Estado que se llama España. Una España que no hace tanto tiempo incitaba a su población a la emigración como medio para salir de la pobreza.

No me sorprende, sin embargo, esta falta de memoria histórica, pues el público – en general – es olvidadizo y no recuerda la incomprensión que nos suscitaba nuestra no aceptación en sociedades como la alemana, francesa o inglesa. Tampoco me sorprende, al fin y al cabo, el desconocimiento que hay sobre estos grupos de población, haciéndose parecer que hay muchos, cuando la proporción en relación a otros países de Europa es muy pequeña, cuando los verdaderos flujos migratorios no se dan entre Norte y Sur, sino entre países del Sur, y cuando la mayoría de inmigrantes que hay en España son occidentales: norteamericanos, alemanes, franceses, ingleses, japoneses, etcétera. Tampoco me sorprende la intolerancia que este desconocimiento provoca, pues desde el Poder se les da un trato meramente policial, contradiciendo en la mayoría de los casos las resoluciones internacionales dictadas por la Declaración Universal de los Derechos Humanos y por la Convención Europea, y situándolos de principio al margen de la legalidad.

Lo que en verdad me parece más preocupante es la pérdida de respeto hacia las personas – dos seres humanos, en este caso, con idiosincrasias diferentes a la nuestra –. No debemos acostumbrarnos a presenciar hechos que, como el que aquí expongo, se van haciendo cada vez más comunes. No podemos permanecer pasivos ante la proliferación y ascensión que los grupos racistas de la extrema derecha están teniendo en toda la vieja Europa.

Iriaki Sanz Alonso, EL PAIS, 24-3-1992

¿Extranjeros?

Quisiera con esta carta, director, poder llegar al colectivo hispanoamericano, en la certeza de que es mi gesto de dolor el de la gran mayoría del pueblo, los que no entendemos la Ley de Extranjería; los que les reconocemos el derecho – que antes ellos nos reconocieron – de ir, venir, trabajar, opinar y ser como nosotros; los que escuchamos la mejor música del castellano en su pluralidad de acentos; los que sabemos que no existe la más pura raza, sino el hombre más puro, aquel que supera su animalidad a través de la inteligencia, la bondad y el esfuerzo.

Les escribo para decirles que nos sentimos cochambrosos y abochornados por lo ocurrido y que les acompañamos en sus penas y en sus lágrimas; decir que las fronteras no han conseguido nunca detener un sentimiento, ni los papeles oficiales revalidar al corazón o invalidarlo; decir, también, que aunque los mercaderes y sus mercancías y demás baratijas les cierren el mercado, el alma de este pueblo sigue con la puerta bien abierta. Que no se desanimen.

La tristeza por tanta cutrería nos resulta trágica en este 1992 tan traído y llevado. Lo queremos de encuentro y no de desencuentro. Porque precisamente la fecha nos recuerda que Europa no es el mundo, que el Viejo Mundo necesitó del nuevo para trazar una perspectiva real de la tierra, que gracias al encuentro con ellos y su América conocimos nuestra verdadera dimensión y la falsedad de nuestros mapas. Nuestra historia está interrelacionada con la suya. Esta certeza debería hacernos reflexionar y tomar postura. Valernos del centenario para hacer una apuesta a dos bandas: si lo asumiéramos con espíritu abierto y fuera nuestro caballo de batalla, tal vez conseguiríamos que los fastos del 92 no hubieran sido un inútil despilfarro, sino toda una inversión. Y un símbolo del futuro posible y deseable

Charo Fuentes, EL PAIS, 25-11-1992

«Extranjeros, no nos dejéis solos»

En 1933, Josef Goebbels, el ministro de propaganda nazi, organizó, precisamente en el Lustgarten una de las primeras manifestaciones multitudinarias del nacionalsocialismo, que entonces acababa de tomar el poder, y que tenía como objetivo forzar el boicoteo de todos los negocios y comercios judíos. Fue el inicio del Holocausto. Fue el punto de inflexión, ya que desde aquel momento el pueblo alemán no supo reaccionar ante la camarilla criminal que acabó llevando al mundo a una de las mayores catástrofes de la historia.

Ayer, en el mismo sitio y en una fecha igualmente significativa en la memoria germana, la de la Kristallnacht, el pueblo alemán reaccionó contra un fenómeno infinitamente más reducido y marginal; el de las pandillas de energúmenos, en su mayoría adolescentes, que se rapan la cabeza, se calzan gruesas botas militares y se dedican a agredir a extranjeros e incendiar los albergues para refugiados, con la aquiescencia – todo hay que decirlo – de sus mayores. La manifestación de Berlín no fue la única; el sábado, decenas de miles de personas se lanzaron a la calle con el mismo motivo en Hannover, Stuttgart, Darmstadt, Dachau y otros lugares.

No parece que se vaya a repetir la pasividad de la República de Weimar para permitir «el renacer de la bestia». Porque lo más importante de lo sucedido ayer no fue la presencia masiva, sino la actitud crítica de quienes salieron a la calle contra el racismo y la xenofobia. Durante toda la semana se discutió sobre si sumarse a esta manifestación oficialista suponía apoyar la estéril discusión del Gobierno sobre la supresión del derecho de asilo. Los gritos de «hipócritas», lo aclaran todo. La mayoría de las pancartas pedían al Gobierno que no cambie el controvertido artículo 16 de la Constitución. Pero había una que decía: «Extranjeros, no os vayáis y nos dejéis solos con estos alemanes».

J.M. Martí Font, EL PAIS, 9-11-92

Quellennachweis

Text 1 Aus: El racismo europeo. El País v. 27.9.1990
Text 2 Aus: Violencia. Blanco y Negro v. 12.7.1992
Text 3 Aus: Publicidad del racismo y de la xenofobia. El Mundo v. 17.7.1991
Text 4 Aus: Huevo de serpiente. YA v. 15.1.1989
Text 5 Aus: Orden. El País v. 20.5.1991
Text 6 Aus: ¿España racista? 1990 Anthropos, Madrid
Text 7 Aus: La patria y el pan. 1962 Seix Barral, Barcelona
Text 8 Aus: La ley gitana. El Independiente v. 24.8.1992
Text 9 Aus: Entre la marginación y el racismo. 1986 Alianza, Madrid
Text 10 Aus: Al colegio en un coche oficial. El País v. 20.10.1991
Text 11 Aus: «¡O ellos o nosotros!». YA v. 24.7.1992
Text 12 Aus: Gitanos y ex alumnos del Pilar. El País v. 28.10.91
Text 13 Aus: Cristianos viejos. El País v. 19.9.1991
Text 14 Aus: La vida en Marruecos. Mundo Negro v. Febrero 1991
Text 15 Aus: Cementerio marino. El País v. 10.2.1992
Text 16 Aus: Moros en Madrid. YA v. 15.11.1987
Text 17 Aus: Habla un marroquí. El País v. 15.6.1992
Text 18 Aus: Los días de la ira. El País v. 3.7.1992
Text 19 Aus: El repliegue de los «mohameds». El País v. 3.9.90
Text 20 Aus: Alguien tiene que quedarse allá abajo. Estilo v. 22.7.1990
Text 21 Aus: Los sudamericanos en España. Diario del Alto Aragón v. 29.7.1989
Text 22 Aus: Mi madre patria. El País v. 5.6.1991
Text 23 Aus: Trata de blancas. ABC v. 24.11.1991
Text 24 Aus: Hablar indio con los filipinos. Blanco y Negro v. 15.10.1989
Text 25 Aus: Solidaridad. Noticias Obreras v. 16.5. 1991
Text 26 Aus: Mestizaje y racismo. El País v. 15.7.1992
Text 27 Aus: El civilizado ejemplo de Cariñena. ABC v. 5.7.1992
Text 28 Aus: Por la dignidad del emigrante extranjero. El Mundo v. 28.6.1992

Otros textos

Text 1 Aus: La amenaza del racismo. El Independiente v. 6.10.1991
Text 2 Aus: Ahora. El País v. 25.11.1992
Text 3 Aus: Cuando los patriarcas pierden el bastón. El País v. 8.11.1991
Text 4 Aus: Rojo contra verde. El Día v. 14.7.1988
Text 5 Aus: Tratos vejatorios. El País v. 8.4.1991
Text 6 Aus: Un contrato falso: 60.000 pesetas. YA v. 8.12.1991
Text 7 Aus: Respeto y racismo. El País v. 24.3.1992
Text 8 Aus: ¿Extranjeros?. El País v. 25.11.1992
Text 9 Aus: «Extranjeros, no nos dejéis solos». El País v. 25.11.1992

Das TRAMONTANA-Lernprogramm

TRAMONTANA – MÉTODO PROGRESIVO PARA LA ENSEÑANZA DE LA LENGUA ESPAÑOLA

(Lehrbuch mit oder ohne Lösungsteil)

Hauptband – broschierte Ausgabe mit Lösungsteil, 256 S., ISBN 3-926369-72-8

Hauptband – broschierte Ausgabe ohne Lösungsteil, 240 S., ISBN 3-926369-79-5

Hauptband – gebundene Ausgabe ohne Lösungsteil, 240 S., ISBN 3-926369-84-1

Lösungsheft, 16 Seiten, geheftet, ISBN 3-926369-80-9

Pia Corte (Bearb.): TRAMONTANA – Wortschatz

120 S., 1989, ISBN 3-926369-71-x

Das komplette Vokabular zum TRAMONTANA-Kurs nach Kapiteln geordnet

TRAMONTANA – Sprachlernkassette

Erscheint ca. März 1993, ISBN 3-926369-81-7

Die gesprochenen Texte des TRAMONTANA-Hauptbandes

Lektüren: Temas hispánicos

Die Textsammlungen der Reihe Temas hispánicos richten sich an Fortgeschrittene in Hochschulen und allgemeinbildenden Schulen, sind aber auch zum Selbststudium geeignet. Kontextualisierte Übungen zur Lexik und Grammatik dienen zur Festigung und Wiederholung sprachlicher Kenntnisse. Weitere Übungen regen zur inhaltlichen Erschließung und Interpretation der Texte an.

Fernando Lalana Lac, als Spanischlehrer am Kardinal-von-Galen-Gymnasium in Mettingen/Westfalen tätig, hat jeweils das Textmaterial im Unterricht intensiv erprobt.

Fernando Lalana Lac: TRAMONTANA – El problema vasco

112 Seiten, 1992, ISBN 3-926369-74-4

«El problema vasco» bietet durch eine gezielte Auswahl publizistischer Quellen Einblick in Entstehung, Entwicklung und Bedeutung des baskischen Nationalismus sowie in Ideologie, Strategie und Selbstverständnis der ETA.

El problema vasco – Lehrerheft

64 Seiten, ISBN 3-926369-78-7

Fernando Lalana Lac: TRAMONTANA – Racismo en España

112 Seiten, ISBN 3-926369-82-5

Racismo en España – Lehrerheft

Ca. 64 Seiten, erscheint ca. Mai 1993, ISBN 3-926369-83-3